Seu Paciente Favorito

Coleção Estudos
Dirigida por J. Guinsburg
(*in memoriam*)

Coordenação de texto Luiz Henrique Soares e Elen Durando
Preparação Juliana Sergio
Revisão Geisa Mathias de Oliveira
Capa Sergio Kon
Produção Ricardo W. Neves e Sergio Kon.

Violaine de Montclos

SEU PACIENTE FAVORITO
17 HISTÓRIAS EXTRAORDINÁRIAS DE PSICANALISTAS

TRADUÇÃO
Marise Levy Wahrhaftig

PERSPECTIVA

Leur patient préfére: 17 histoires extraordinaires de psychanalystes
© Éditions Stock, 2016.

Esta obra foi composta pela
VOX GRÁFICA
rua Fernando Luz, 193 Galpão B – Água Chata
07251-365 Guarulhos SP
CNPJ 59.222.307/0001-80

CIP-Brasil. Catalogação na Publicação
Sindicato Nacional dos Editores de Livros, RJ

M765s
Montclos, Violaine de
  Seu paciente favorito : 17 histórias extraordinárias de psicanalistas / Violaine de Montclos ; tradução Marise Levy Wahrhaftig. - 1. ed. - São Paulo : Perspectiva, 2020.
  (Estudos ; 372)

  Tradução de: Leur patient préfére : 17 histoires extraordinaires de psychanalystes
  ISBN 978-65-5505-002-8

  1. Psicanálise. 2. Psicoterapeuta e paciente. I. Warhaftig, Marise Levy. II. Título. III. Série.

20-63528	CDD: 150.195
	CDU: 159.964.2

Leandra Felix da Cruz Candido - Bibliotecária - CRB-7/6135
16/03/2020 24/03/2020

1ª edição, 4ª reimpressão

Direitos reservados em língua portuguesa à
EDITORA PERSPECTIVA LTDA.

Av. Brigadeiro Luís Antônio, 3025
01401-000 São Paulo SP Brasil
Telefax: (011) 3885-8388
www.editoraperspectiva.com.br

2023

---

*"Em respeito ao meio ambiente, as folhas deste livro foram
produzidas com fibras obtidas de árvores de florestas plantadas,
com origem certificada e outras fontes controladas."*

Sumário

[Um garotinho obeso...] XI

O Número do Morto
[Jean-Pierre Winter & Martin].................................1

Muralhas de Livros
[Pierre Streliski & Jean-Luc] 9

No Seu Colo
[Bernard Golse & Élise] 19

Um Caminhão Vermelho Tão Bonito
[Simone Korff-Sausse & Arthur] 27

O Escultor no Pátio
[Serge Hefez & Elena].......................................35

A Casa dos Sonhos
[Jacqueline Schaeffer & Laure]............................ 43

As Vozes da Máquina de Lavar
[Nicole Anquetil & Aimée] 51

Um Cavalo Para Dois
[Michael Larivière & Paul] 59

Os Olhos do Outro
[Gérard Bonnet & Didier].................................... 65

O Avião Errado
[Eva-Marie Golder & Benjamin e seus pais] 75

Dois Homenzinhos de Papel Machê
[Sylviane Giampino & Gretel] 83

Uma Criança Sobre a Viga
[Roland Gori & Allan] 91

Nomes de Pássaros
[Danièle Lévy & Augustin] 97

Os Comboios e o Fuzilado
[Patrick Landman & Maryse] 103

As Primeiras Lágrimas
[Philippe Grimbert & Georges] 111

A Cama do Pai
[Muriel Flis-Tréves & Marie] 117

Um Tio Russo
[Robert Neuburger & Youri] 125

Bibliografia 135

Agradecimentos 143

Um garotinho obeso, mortiço, que nunca diz nada, mas desenha um cavalo em todas as sessões. Uma mulher que ouve vozes quando as torneiras estão abertas ou quando os pássaros cantam, vozes como que criptografadas nos ruídos de seu cotidiano e que lhe tornam a vida insuportável, ela diz. Um jovem muito bonito, muito talentoso, que se embriaga para desperdiçar seu talento e se colocar em perigo. Simples histórias humanas, pacientes como aqueles que um psicanalista ouve durante sua vida. No entanto, estes, precisamente estes, serão inesquecíveis. Cada um deles irá tornar-se para seu analista um paciente fundador, alguém de quem ele poderá descrever, decorridos anos após a última sessão, a voz, os sonhos, às vezes até mesmo o perfume que ele ou ela, durante seis meses, dois anos, dez anos deixou em seu divã. Por quê?

Acredite-se ou não nos poderes da psicanálise, seja ela considerada abusiva, cara, incontrolável, nada altera o fato de que ainda existem pessoas que exercem essa profissão inusitada – escutar histórias; aceitar se deixar envolver, por meio da transferência, por outro que não por si próprio; compartilhar, às vezes durante anos, das dores, dos segredos, das alegrias de indivíduos que nada são deles e depois vê-los partir, desaparecer de sua existência. Nesse encontro a portas fechadas que sempre recomeça e, a meu ver, é formidavelmente romanesco, nessa multidão de rostos e nesse concerto de vozes que tecem a memória de um psicanalista e que, às vezes, se confundem, tive vontade de conhecer aquele ou aquela que não será por ele esquecido: seu paciente favorito, ou pelo menos, fundamental. Aquele cujo passado, talvez, tenha misteriosamente feito eco ao seu. Aquele que, para além das trilhas demarcadas da psicanálise, tenha, às vezes, lhe despertado ódio, afeto, nojo ou admiração. Aquele cujas palavras, sonhos, o entusiasmo pelo tratamento ou as resistências, fizeram dele um *psi* diferente.

Entrar no meio analítico, compreender quais são seus círculos fechados, as figuras tutelares e as inimizades não é uma aventura fácil. Portanto, tentei me introduzir ali sem me preocupar com as disputas, não me importando se meus interlocutores fossem freudianos ou lacanianos, desconhecidos, midiáticos, inimigos ou colegas. Encontrei pessoas brilhantes, mas também modestas, de fato bem mais vivas do que eu imaginava. E aprendi a penetrar em sua estranha vida solitária e recortada em fatias: um dia de analista é uma sucessão de meias-horas, uma sequência bem cronometrada de sessões durante a qual o *psi* passa de um paciente a outro. Tinha que tentar entrar na dança...

Foi sob a evidente condição de que nada rompesse a confidencialidade do tratamento e de que não expusesse o paciente, como nomes, datas, lugares, portanto, de que quaisquer detalhes identificatórios fossem escrupulosamente modificados, que dezessete psicanalistas aceitaram falar comigo. Fizeram-no com grande humildade e com uma confiança pela qual lhes sou infinitamente grata. Não ignoro o fato de que o que o paciente produz em seu analista, denominado "contratransferência" ou "duplo-encontro", tenha sido amplamente debatido e formalizado. Mas não sou uma especialista. Seja por exatamente não pertencer ao seu meio e minhas perguntas serem inocentes, isentas de qualquer referência teórica, seja porque normalmente evocam seus pacientes estritamente no contexto de seminários e de suas escolas, o fato é que alguns deles, pareceu-me, falavam com verdadeiro prazer, e até mesmo, tive a impressão em alguns casos, como uma forma de libertação.

Portanto, vi-me na posição surpreendente, devo confessar, bastante prazerosa, de escutar as confidências dos *psi*. A maior parte de nossos encontros ocorreu em seus consultórios, e, algumas vezes, ao nos sentarmos, havia uma pequena valsa hesitante; que poltrona iriam escolher, a do analista ou aquela em que seus pacientes costumam ocupar? Durante aproximadamente um ano, em Paris e arredores, penetrei no segredo desses lugares recolhidos, consultórios silenciosos e íntimos, muitas vezes repletos de livros. Nenhum divã, nenhuma decoração ou sala de espera assemelhava-se às outras, mas sentia-me sempre à vontade. Pois nesses consultórios ao abrigo do resto do mundo, centenas de pessoas fizeram revelações, alguém as tinha escutado, e eu me sentia a cada vez como em um teatro onde ressoam todas as peças que ali foram representadas.

Com o estranho sentimento de estar escondida atrás da cortina, encolhida sob o divã, convidada para um encontro a portas fechadas que habitualmente não é revelado, ouvi histórias incríveis e pude medir, com espanto, com que força às vezes um analisando, sem o seu conhecimento, imprime marcas na vida de seu psicanalista. E já que me deram essa liberdade, escrevi sobre tais encontros à minha maneira, da forma como os entendi, os compreendi. Não mais que uma existência, uma análise não pode ser resumida; portanto, os relatos são imperfeitos, truncados, e eu tive a plena consciência ao escrever que essas histórias, é claro, não me pertenciam. E quanto mais os escritos avançavam, mais eu pensava neles, nesses pacientes que jamais encontrarei, muitas vezes maltratados pela vida, por vezes assolados pela doença mental, e que acreditaram, e estavam corretos, nas virtudes da palavra. Este livro é evidentemente a eles dedicado.

O Número do Morto

Jean-Pierre Winter
& Martin

A cada semana, fazem sete, às vezes oito horas de trajeto para voltar à Paris, retornando de pequenas comunidades nos Alpes, onde trabalham no CMPP – Centro Médico-Psicopedagógico. Estamos em meados dos anos 1970. São psicanalistas. É necessário baldear duas vezes de um trem ao outro, e a neve frequentemente torna ainda mais longa a viagem interminável durante a qual, invariavelmente, passam conversando sobre seus jovens pacientes. Têm tanto a dizer e a compreender. Entre esses analistas parisienses sensíveis às sutilezas da linguagem, cuja atividade preferida consiste em ficar calado, e as crianças de famílias camponesas a quem se dirigem, tão pouco habituadas à palavra, é um pouco como silêncio contra silêncio. É preciso procurar as palavras, encontrar um caminho, preencher o abismo que os separa desses pequenos pacientes das montanhas. Durante a viagem de volta, fecha-se então a porta da cabine e, para preservar a intimidade desse estranho cartel sobre rodas, para evitar que outros passageiros ocupem a sexta poltrona, o mais jovem dos analistas tem um truque: acende um charuto.

Chama-se Jean-Pierre Winter, tem 25 anos, inicia seu sexto ano de análise com Jacques Lacan. Vive sozinho em Paris, desde os dezessete anos, quando seu pai, alfaiate de Sentier[1], sua mãe e

---

1 Bairro tradicional de confecção têxtil. (N. da T.)

seus dois irmãos fugiram dos credores deixando discretamente a França. Ele se recusou a emigrar. Com quatorze anos, ouviu no rádio a célebre transmissão de Marthe Robert, *La Révolution psychanalytique* (A Revolução Psicanalítica), e nessa ocasião decide ser psicanalista. Começou muito cedo a leitura de Freud, e de todos os *psi* que caíam em suas mãos. Acha essas pessoas todas incrivelmente inteligentes, gosta da ideia que faz da análise: resolver um enigma, ser ele mesmo simultaneamente o pesquisador e o campo de pesquisa; e, em hipótese alguma, aos dezessete anos, iria desistir dessa vocação. Ficar em Paris, sozinho, sem apartamento, sem dinheiro, era uma loucura. Ele a cometeu e encontrou ajuda, um quarto, pequenos trabalhos, sobreviveu, estudou e, com dezenove anos, foi bater à porta de Jacques Lacan.

Seis anos mais tarde, Jean-Pierre Winter, com a supervisão de Lacan, recebe em Paris seus primeiros pacientes. Mas lá, nos Alpes, diante de camponeses mudos, sente-se frequentemente, assim como seus colegas, sem recursos. Tento imaginá-lo quarenta anos atrás, já com a longa barba, o charuto nos lábios, e com certeza, vestindo calças boca de sino. À sua frente, no pequeno consultório de que dispõe, tem, por exemplo, um menino de nove anos, cujo pai, um fazendeiro, o segura em seu colo, abraçando-o com toda força. Na sala, o odor é pestilento. A criança não está limpa, com nove anos ainda usa fraldas, é motivo de chacota de seus colegas da escola, e é por isso que está ali. É preciso fazê-los falar, seu pai e ele, rebobinar o filme pacientemente, sessão após sessão, para compreender que, dez anos antes, o primeiro bebê do casal, cuidado por uma tia, caiu em um poço de estrume. E que ele morreu. E que na mesma noite desse drama foi concebida esta criança, que o pai segura com toda sua força e cujo odor nauseabundo preenche a atmosfera do consultório. Fedendo, a criança é, à sua revelia, a lembrança fiel do primogênito. "Afrouxe seu abraço, senhor, ele não é o filho que perdeu", diz o analista ao pai. As palavras acabam por vir. "Era preciso ser flexível, criativo", conta hoje Jean-Pierre Winter, "eles me ensinaram muito".

Mas seu paciente *princeps*, Martin, aquele que durante as longas viagens de volta a Paris ocupa todos os pensamentos do jovem psicanalista, todas as angustiantes discussões com seus colegas, não é esse jovem camponês cujo tratamento foi concluído em algumas poucas sessões. Martin é o filho do diretor adjunto do Instituto de Psiquiatria ao qual está submetido o CMPP onde Winter trabalha. Uma vez que ele conhece o pai e existe entre eles um vínculo profissional, ainda que indireto, Winter deveria ter se recusado a atender esse menino. Porém, ele é o único analista na pequena comunidade. A criança poderia ir a Grenoble, assim como seu pai, ele mesmo em análise. Mas é muito longe, muito complicado. Então Winter aceitou.

Martin tem doze anos, e seus pais acabam de se separar. Ele é enurético, passivo, completamente acomodado. Um obsessivo apático. É assim, pelo menos, que seus pais o apresentam. Quarenta anos depois, o analista ainda se lembra do primeiro encontro, o pai preocupado, a mãe aceitando de malgrado o tratamento do filho, convencida de que foi a psicanálise que lhe roubou o marido, e o jovem Martin, seu olhar opaco, seus cabelos ralos, seu rosto de bebê obeso. Ficou acordado, desde o primeiro encontro, que se o pai e o analista se conhecem, e por conta disso podem se encontrar ocasionalmente, nunca irão comentar entre si o tratamento da criança. Além disso, Jean-Pierre Winter e Martin sabem que o próprio pai está em trabalho analítico em Grenoble. São essas as coordenadas do acordo que existe entre o psicanalista e seu jovem paciente: eles "sabem" coisas em comum. E iniciam-se as sessões.

Martin acata o contrato docilmente. Não falta a nenhum encontro, sempre chega no horário combinado, senta-se quando se deve sentar, levanta-se quando lhe pedem, e fala. Conta sobre a escola, as aulas, os recreios, diz a hora que acorda e que vai dormir, faz a lista dos colegas que viu, das notas que obteve, discorre infalivelmente sobre a rotina de seus dias de criança com uma voz monocórdica, sem afeto. Ele fala, mas não diz nada. Quando Winter o faz desenhar, Martin produz incansavelmente um cavalo, nada além de um cavalo, que é aquele que ele monta toda quarta-feira à tarde. Uma paixão, diz ele, mas uma paixão que ele consegue narrar de modo rigorosamente neutro, apagar com sua voz inexpressiva, suas palavras que nada dizem e que desesperam seu analista. Narra que gosta desse cavalo, que monta no cavalo, depois desce dele, retira-o do estábulo, e depois, o traz de volta; frases informativas que não revelam nenhuma vida psíquica, e faz meses que ele fala assim com seu analista que, evidentemente, fica louco. Quando, seis meses após o primeiro encontro, Jean-Pierre Winter realiza mais uma vez a viagem de volta a Paris, fecha o compartimento, acende um charuto, é ainda e sempre sobre Martin que fala com seus colegas no chacoalhar do trem. Martin que o irrita, Martin que o faz dormir, Martin, o esperto, que, mediante sua submissão total, com as palavras conscienciosamente esvaziadas de sua vida simbólica, tortura e irrita seu psicanalista.

Jean-Pierre Winter tentou de tudo: encurtar, prolongar as sessões, teorizar, repreender, pedir a Martin que ele mesmo pague a análise com o dinheiro da mesada que economiza com a intenção de comprar o próprio cavalo. Nenhuma estratégia funciona, poderiam se passar meses, anos, uma vida sem que nada acontecesse; o pior é que essas sessões vazias e inoperantes satisfazem a todos, Martin, seu pai, sua mãe. O psicanalista é o único que, nessa história, começa a ficar desorientado. Winter questiona seus colegas, ouve conselhos, e se pergunta, junto com eles, se não é sua determinação para obter resultados – em suma, para provar ao pai que é um bom analista – que está sendo o obstáculo. Angústia da resistência ao tratamento, que às vezes vem do próprio analista, de sua obstinação em querer curar.

Até o dia em que a criança inicia sua sessão com a seguinte frase: "*Quinta-feira*, quando meu pai foi para Grenoble…" *Eu digo*[2]: é o que ouve Winter. Pela primeira vez, acredita ele, um "eu" inconscientemente formulado pela criança pode ter surgido, para dizer, finalmente, alguma coisa. E o analista tenta se agarrar a isso. Martin e ele sabem o que o pai vai fazer em Grenoble, mas Winter vai fingir ignorar o fato. Portanto, ele rompe essa cumplicidade implícita ao perguntar: "O que seu pai vai fazer em Grenoble?" A criança, surpresa, responde: "Ora, ele vai fazer como eu, vai fazer análise." "Em que consiste isso?" "Ele vai encontrar uma senhora e falar sobre tudo o que não anda bem, tudo o que o incomoda." "Então ele não faz como você, pois aqui você nunca fala do que não anda bem", retruca o analista.

Pronto, o diálogo durou alguns segundos; na sequência, um curto silêncio. E após esse silêncio, nada mais será como antes. Martin muda de tom, seu discurso se reorienta e ganha vida, ele interpela seu analista como nunca havia feito antes: "Você acredita

[2] Trata-se aqui de um jogo de palavras: *jeudi* (quinta-feira) e *je dis* (eu digo). (N. da T.)

em reencarnação?" Segue-se a isso, por parte da criança, o relato muito pouco habitual de um filme de Laurel e Hardy. No filme, falece uma das duas personagens – seria Laurel ou Hardy? Martin não se recorda, mas é bom lembrar que o jovem paciente é obeso – e, dos dois, aquele que permanece vivo, vai triste passear em um campo. Aparece um cavalo. E esse cavalo, conta Martin como quem não quer nada, "começa a falar com a voz do morto". Eis, então, o significado do cavalo que o pequeno obsessivo desenha incansavelmente há meses; representa a imortalidade.

Maravilha de momento em que se entreabre a porta do inconsciente, após ter resistido durante tanto tempo. Jean-Pierre Winter nunca esqueceu dessa sessão fulgurante na qual tudo ou quase tudo, em apenas alguns minutos, será dito. Pois isso continua. Após meses de palavras vazias. Martin associa livremente e entra tranquilamente no coração do sujeito, seu sujeito. Antes de adormecer, ele conta, pensa em um número do qual não consegue se livrar, 64. Em seguida, adormece e com frequência tem um sonho estranho: presta o serviço militar, tudo vai bem, mas um ano após seu regresso, ele morre. A sequência de suas associações revela rapidamente que seu avô teve uma história semelhante, morto em 46, um ano após ter voltado da guerra. "46 é engraçado, pois é o contrário de 64", pensa alto Martin. "É isso", responde Winter, "esse número que você pensa é o número da morte". "Sim", diz ele, "mas 46 é também o nascimento de minha mãe". E 64 é também, como o analista o faz observar, o ano do nascimento de Martin.

Não se vê aqui nenhuma magia, nenhum número obscuro que devesse ser interpretado como em um jogo de tarô. Simplesmente, a criança deixa, enfim, entrever algo da malha simbólica que o neutraliza; em sua história, o que diz uma data de morte remete a uma data de nascimento que remete a uma data de morte que remete a uma data de nascimento, o que deixa Martin "literalmente sem vida". Ao revelar a identificação imaginária com o ancestral, evocando a reencarnação e a imortalidade, Martin diz aquilo que, no seu relato familiar, faz dele uma criança inanimada. E ao revelar pela associação livre o que seu inconsciente atou, ele desata, momento de júbilo do tratamento analítico, o que até então o paralisava.

Jean-Pierre Winter nunca esqueceu essa sessão, que sozinha foi suficiente, ou quase, para curar Martin após longos meses sem nenhum efeito. Mistérios da resistência do paciente em que ambos (paciente e analista) podem se perder. O analista pede ao homem ou à mulher deitada sobre o divã ao seu lado que "Fale o que lhe ocorre", e esse homem, essa mulher deita-se durante semanas, meses, anos sem nunca chegar à liberdade, à vertigem da linguagem sem objeto. Pode-se passar uma vida sobre o divã simplesmente narrando sobre ela. Pois Martin ensinou a Jean--Pierre Winter: é frequentemente o ponto de cumplicidade entre o paciente e seu terapeuta, sobre o qual estavam de acordo, desde a entrevista inicial, que deve ser rompido para que a análise se inicie. É quando Winter pergunta por que o pai vai a Grenoble, ainda que Martin e ele estivessem de acordo que ambos sabiam o motivo, que a linguagem da criança finalmente deixa de ser informativa, se insinua como um terceiro entre eles e abre alguma coisa do plano do inconsciente. A partir de então, o tratamento foi fulgurante.

E Martin, que o fez sair do eixo, Martin que foi objeto de tantas discussões durante o longo trajeto de volta a Paris, Martin que o esgotou, o fez duvidar, ficar com raiva, tornou-se o paciente fundador de Jean-Pierre Winter.

Muralhas de Livros

Pierre Streliski
& Jean-Luc

Quando Pierre Streliski encontra pela primeira vez Jean-Luc na porta de seu consultório estamos em 1984 e o jovem psiquiatra acaba de se formar analista no seio da escola da Cause Freudienne (Causa Freudiana). Assiste, semanalmente, ao seminário de Jacques-Alain Miller e trabalha em seu consultório particular, em Angers, há seis anos. Tem 34 anos. Hoje, em 2015, uma grande foto emoldurada, outrora tirada e oferecida de presente por Jean-Luc, ocupa lugar de evidência na parede branca da sala de espera. Imagem intrigante de um barril de ferro preto apoiado em um chão coberto de neve, que seu autor pode observar à vontade, enquanto espera, com a cabeça erguida, no pequeno cômodo. Pois, passados trinta anos, Pierre Streliski iniciou e concluiu uma nova fase decisiva da própria análise, passaram por ele centenas de pacientes, divorciou-se, casou-se novamente, vendeu a residência da família que havia adquirido no início dos anos 1980, mudou de consultório, mas Jean-Luc continua ali. Desde esse primeiro encontro, em 1984, nunca mais deixou de vir – três, quatro vezes por semana, até mesmo todo dia durante certos períodos – ponto fixo na vida do psicanalista, ele mesmo se tornando uma inabalável referência na perturbada existência de seu eterno paciente. Uma análise sem fim...

Pode-se supor ser uma loucura esse tratamento nunca concluído. Pode-se ver exagero, desrazão, nessa aventura quase demiúrgica. Mas pode-se também considerar esse frente a frente de trinta anos entre dois homens estranhos entre si, como a experiência mais despretensiosa e emocionante possível. No caos da vida de Jean-Luc, falar com seu analista sempre foi, e talvez será ainda durante muito tempo, o que o faz se manter não fragmentado; pode não curá-lo da tormenta de sua doença mental, mas, pelo menos permite que se mantenha em pé. Por que dar fim a algo que o ajuda, simplesmente, a viver melhor?

Na época do primeiro encontro, Jean-Luc tem 24 anos. Está internado no hospital psiquiátrico de Sainte-Gemmes, perto de Angers, e foi ele, por iniciativa própria, que pediu aos cuidadores a liberdade de consultar um psicanalista. O consultório de Pierre Streliski situa-se, nessa ocasião, no andar térreo de um prédio moderno, as janelas amplas estão completamente abertas para a rua, e o jovem aterrorizado que entra ali pela primeira vez suplica-lhe para que sejam fechadas: o barulho que vem de fora lhe é insuportável. "Isso não me impede de ouvi-lo", responde o psiquiatra.

Jean-Luc teme a gritaria, a vociferação do mundo que o atinge como uma onda e o desorienta. Ele conhece mal os limites do próprio corpo, o que distingue sua pessoa do que lhe é exterior, nunca se lava e tem medo de tudo, desde sempre. Está presente no mundo como um átomo entre os átomos, psicótico, profundamente esquizofrênico. Aos dezoito anos, antes que a situação se agravasse, antes das tentativas de suicídio e das hospitalizações, Jean-Luc, por vontade própria, iniciou uma psicanálise. Decisão surpreendente, tomada na contramão de seu entorno familiar e cultural, de uma coragem incrível que o fez atravessar, uma vez por semana durante quase um ano, a cidade dirigindo um ciclomotor. O consultório de seu analista situava-se a quilômetros da fazenda de sua família, e podemos então imaginar o jovenzinho infeliz, disparando a toda velocidade pelas estradas de Angers, custe o que custar, no vento, na chuva ou no sol, como se fosse preciso de qualquer maneira tentar amarrar ali, antes que a doença o carregue, um laço que o mantenha ancorado. Ele não guarda uma má lembrança dessa época, a psicanalista era agradável, tinha pernas bonitas, até mesmo sentiu-se um pouco apaixonado, mas, finalmente, as viagens exaustivas terminaram com sua coragem.

Jean-Luc nasceu em um vilarejo de Sologne e cresceu em uma família de camponeses, isolado, diferente de seus irmãos e irmã. É o único que, quando chegam visitas à fazenda, corre para baixo da mesa da cozinha e ali permanece escondido. É o único a odiar as sessões de banho coletivo quando, domingo de manhã, todos os irmãos mergulham em uma bacia de água fria. O único a não saber o que fazer consigo mesmo, nem como ajudar seus pais, nem como não sentir medo de tudo, o tempo todo. Gostam dele, mas ele irrita, perturba, e quando incomoda demais, punhados de pedregulhos são lançados das mãos da própria mãe: Vá, saia daqui...

O que ele gosta é a natureza que rodeia a casa, os bosques, as árvores que lhe oferecem consolo, as lagoas de Sologne, onde pesca trutas, durante horas deitado, com a barriga grudada nas margens lamacentas. Gosta também de livros. Não os tem em casa, mas sua professora percebeu que a criança, apesar de sua esquisitice, era inteligente. Inicialmente empresta-lhe revistas em quadrinhos, depois, romances, mais tarde, o padre assume a função, fornecendo-lhe obras de todos os gêneros, de modo que Jean-Luc, quando não está pescando, tem o nariz enfiado nos livros, constantemente. Mas é preciso crescer e sobreviver, a família que se mudou para Anjou preocupa-se em encontrar uma profissão para esse menino instável: ele será padeiro. Jean--Luc então é enviado como aprendiz, e longe de suas lagoas, no meio de outros adolescentes que riem, empurram-no, falam com a crueza e a crueldade próprias da idade, fica perdido, como que aniquilado pelo contato com a realidade. As viagens com seu ciclomotor até a psicanalista de pernas bonitas não levarão a nenhuma mudança. Inicia-se então, para ele, um longo período de repetidas hospitalizações, tentativas de suicídio e internações.

Assim é a vida do jovem, já há alguns anos, quando chega ao consultório de Pierre Streliski. Com diagnóstico de esquizofrenia, permanentemente sob efeito de medicamentos, é colocado entre os loucos. "Isso não me impede de ouvi-lo." Essa primeira frase que lhe é dirigida pelo psiquiatra, evocando o barulho que vem de fora, chancela o pacto selado nesse dia entre os dois homens. Pode-se sofrer de uma doença mental que ninguém sabe curar, ficar atordoado pelos neurolépticos, ser internado, etiquetado como um indivíduo incapaz de conviver com outros, "isso não me impede de ouvi-lo". Estas palavras abrem para Jean-Luc o espaço que veio procurar: um lugar que escolheu livremente, onde não se cogita curá-lo, enquadrá-lo, aconselhá-lo, apenas deixá-lo falar. Pierre Streliski jamais sairá de seu papel, não dará informações sobre seu tratamento, não entrará em contato com a equipe do hospital. Jean-Luc, nesse consultório, é um homem antes de ser um doente. Um analisando que, de imediato, instaura um elo forte, exigente, com seu analista.

"Um chato", diz este último com o que hoje parece ternura. Desde o início, Jean-Luc pede para vir várias vezes. Mas frequentemente falta às sessões, ou então chega com muita antecedência, e vai embora batendo a porta se Streliski atrasar um pouco. Falam-se novamente, combinam outros encontros, de preferência o primeiro horário do dia para evitar atrasos e melodramas, e, assim, Jean-Luc vem, em média, duas, três, quatro vezes por semana. Frequentemente leva livros à sessão. Permanece, desde a infância, um grande leitor. Devora obras de poesia, filosofia, romances que compra em quantidade exagerada e que acabam por formar, ao redor de sua cama, torres, muralhas, como uma quimera de saber absoluto, quem sabe capaz de protegê-lo. Ora, às vezes as muralhas desmoronam, ele agora tem muitos livros, e o consultório de seu novo analista será, a seu ver, um depósito perfeito. Quando vem às sessões, Jean-Luc, atravessando Angers, carrega pendurados nos braços sacos de plástico cheios de livros que seu psicanalista aceita guardar no consultório. Streliski os devolve, mais tarde, um por um, na medida da necessidade, quando seu paciente sente vontade de reler Baudelaire, Cioran ou Jankélévitch... Nos primeiros tempos do tratamento, Jean-Luc telefona com frequência, no intervalo das sessões. Tem acessos de muita angústia, vai regularmente passear ao longo de uma via férrea que passa sobre o Maine e fica tentado, às vezes, a pular o guarda-corpo. Certa noite, ele se deita em um barco que deixa à deriva sobre o Loire, tira seu casaco, joga-se no rio. A água gelada que lhe morde a pele o chama de volta à vida, mas foi por pouco.

Como, percebendo de imediato a gravidade de seu estado, constatando rapidamente suas tendências suicidas, Pierre Streliski, analista tão jovem, pôde assumir o risco de se comprometer com tal paciente? Por que, além do mais, aceita deixar-se invadir dessa forma, guardando os livros como se fora um depósito, admitindo encontros tão frequentes em horários instáveis? A resposta que ele sempre dá é simples: acredita na psicanálise. Não é apenas ele, jovem profissional de 34 anos, que se joga sozinho nesse frente a frente perigoso. É ele e a psicanálise, ele e um dispositivo reconhecido, uma distribuição de papéis que fará emergir um sentido, um elo, uma segurança. Pierre Streliski acredita verdadeiramente no poder da palavra. Por consequência, vai verdadeiramente ouvir esse homem.

E, semana após semana, mês após mês, ano após ano, em todas as posições, sentado, em pé, agachado, deitado, às vezes andando, Jean-Luc vai falar. Tem sempre algo a dizer. Sobre sua infância, seu cotidiano, seus encontros. Mas também sobre o sentido da existência, a linguagem e a literatura. Leva tempo para que ele desenvolva esse relato, que ele se livre pouco a pouco de si mesmo e de suas amarras. Deixar os livros com o analista é também renunciar ao conhecimento absoluto, asfixiante, ao qual ele aspira para se proteger, é cavar janelas nas torres que ergueu em torno de sua cama, é respirar um pouco. Jean-Luc está sob os cuidados da instituição médica, mas com a análise, falando livremente e experimentando, no decorrer, a alegria de dizer o que lhe vem, encontra finalmente ar, um pouco de espaço entre ele e a doença. Toma distância, não é mais apenas esquizofrênico, é um homem que sabe que é doente, nomeia seus medos, e, incrível vitória, agora é até mesmo capaz de rir.

Semana após semana, mês após mês, ano após ano, ele se acalma. Deixa de querer pôr fim a seus dias, não é mais hospitalizado, mora na cidade, tem agora uma companheira, alguns amigos no bairro, tem um cachorrinho ao qual é muito apegado. Evidentemente, às vezes, ainda é tomado por fortes angústias. E vive sob tutela. As relações com a tutora, imposta pela Assistência Social, que evoca às vezes com seu analista, são, aliás, turbulentas. Pois, o pouco dinheiro ao qual tem direito, Jean-Luc entende que deve gastar segundo os próprios critérios, recusando-se categoricamente a comprar o formato menos oneroso de livro de bolso, que contempla quantidades sempre astronômicas de obras. Ele quer pagar os livros pelo seu valor justo; ele conhece seus direitos...

Assim, Jean-Luc não está curado de sua psicose, mas é um psicótico que, surpreendentemente, leva uma vida quase normal. Faz trinta anos que ele fala, faz trinta anos que Streliski o ouve. Como ele faz para não se cansar do frente a frente, para suportar ainda o rosto, a voz, as palavras, as meias-horas de sessões que recomeçam incansavelmente, ano após ano, e que irão terminar apenas quando Jean-Luc quiser, ou até mesmo quando um dos dois, analista ou analisando, morrer? Pierre Streliski sorri diante dessa pergunta. Segundo ele, no dia de um psicanalista há pacientes tediosos, sessões repetitivas, analisandos que se repetem, se atolam, irritam aquele que os escuta. Porém, com Jean-Luc, Streliski nunca se entediou. Ainda hoje, ver seu nome na agenda é sempre uma promessa de um momento que não se assemelha a nenhum outro, intenso, instrutivo, muitas vezes engraçado. Jean-Luc tem bastante humor, é um homem de muita doçura e com uma bela inteligência, que gosta de evocar suas leituras, suas reflexões metafísicas, suas infinitas questões. No fundo, Jean-Luc continua a procurar um significado neste mundo enigmático que os outros, os de mente saudável, têm a desrazão de aceitar sem se questionar. E, durante todos esses anos, Pierre Streliski aprendeu com ele muito mais do que com qualquer outro paciente. Essa longa parceria com o que se costuma chamar loucura contribuiu para modelá-lo, como analista e como homem. Também o conduziu a certa humildade. "Eu me acho menos", ele diz rindo. O médico de trinta e poucos anos que abria a porta para Jean-Luc em 1984, cheio de confiança e paixão, pai de família e analista precoce, proprietário recente de um pequeno castelo angevino no qual ambicionava criar raízes, esse jovem não existe mais. Pierre Streliski se desvencilhou de suas certezas, de algumas de suas amarras, aprendeu principalmente a abandonar o papel de sábio, de poderoso, que essa profissão esquisita pode conferir, e Jean-Luc tem parte nessa metamorfose. Foi com ele que o analista constatou uma fraternidade que não suspeitava que pudesse existir entre os loucos e nós, entendeu o quanto os psicóticos, na sua maneira de trombar com a realidade e o sentido da existência, têm algo a nos ensinar.

Jean-Luc, assim como muitos esquizofrênicos, tem visivelmente uma relação complicada, mal-acabada, com sua língua materna. Como se as palavras à sua disposição não fossem suficientes para dizer a complexidade do real, ele inventa permanentemente, e os neologismos que afloram aqui e acolá, naturalmente, durante a conversa, o incrível jogo com a linguagem contínua, ainda hoje, encantam e atordoam seu analista. Para que eu tenha noção de como é uma sessão com ele, lê para mim alguns trechos curtos daquelas que anotou. No silêncio de seu consultório, sentado em sua poltrona grande, Pierre Streliski acende um cigarro e cita com um sorriso entre os lábios, seu paciente poeta. "No fundo, minha fala pouco me interessa, é principalmente o afeto que a acompanha que é sussurrante", diz Jean-Luc. Ou então: "Fico entediado quando estou melhor." Ou ainda: "Antes, eu era leve, aéreo, simples. Não sei como isso mudou, mas entendo hoje nos incomunicamos: é a solidão da folhagem das palavras, e finalmente, se morre sozinho." "Sou o homem do quase, bonito isso, não?" "Bem, passemos a outra coisa, vamos confiar no imprevisto..." Palavras como *décantiner*, *défratiser*, *déjantatoire* e *offuscation*[1] surgem, é surreal, é belo. Fechando os olhos, tem-se a sensação prazerosa de estar no teatro, *Un Mot pour un autre* (Uma Palavra por Outra) ou *La Cantatrice chauve* (A Cantora Careca) seria encenada, a língua teria enlouquecido, mas as palavras jogadas, inventadas, maltratadas, diriam assim mesmo, realmente, alguma coisa.

Pierre Streliski tem hoje 64 anos, e Jean-Luc, 54. Eles se viram mudar, e o paciente, frequentemente, aponta com humor os cabelos grisalhos e a cintura um pouco grossa de seu analista. Envelheceram juntos, e ninguém sabe o quanto ainda irá durar essa análise. Há alguns meses, Jean-Luc foi até uma loja na estação de Angers e mandou imprimir cartões de visita. Belos pequenos cartões de visita bordados de azul e escritos em letras douradas. Deu um para Pierre Streliski, como para significar que seu tempo e sua escuta tinham mudado o modo como ele, paciente esquizofrênico, consegue agora considerar a si mesmo. Não mais somente como doente. Como sujeito, homem enfim, e digno de estima. Escreve no cartão de visita: "Jean-Luc S., poeta aprendiz autodidata."

---

1   Em francês, essas quatro palavras não existem. (N. da T.)

No Seu Colo

Bernard Golse
& Élise

O homem que nesta manhã conversa comigo calmamente, janelas abertas para o agradável jardim no interior do hospital Necker, quis, outrora, tornar-se maestro. Bernard Golse toca piano desde a infância, a música tem e sempre teve um lugar essencial em sua existência. Atualmente, dirige o serviço de psiquiatria infantil desse grande hospital parisiense.

Qual seria a razão de ter escolhido tal caminho, e não aquele que era seu sonho de infância? Que acontecimentos, que rostos podem mudar dessa maneira o destino de um homem? Na opinião dele, foi um professor de música que certo dia o obrigou a aprender, durante o período de um verão, a dominar as quatro chaves, já que deseja tornar-se maestro. Com catorze anos, sabe apenas duas e considera então a tarefa um desafio para provar a seriedade de sua vocação. E não consegue levar adiante. Há, também, o pai médico, a mãe que sofre de distúrbios depressivos, a irmãzinha morta dramaticamente de uma má-formação cardíaca. Bernard Glose tem então dezoito anos e a menininha morre no prédio de emergências do hospital Necker. Quarenta anos depois, esse prédio seria transformado em serviço de psiquiatria da infância e da adolescência. O mesmo lugar ao qual retornou em 2003 e que dirige até o presente momento.

Mas será que teria existido para ele outro lugar, outra vida possível? Na casa de Bernard Golse, o amor pela música é tal que essa foi para ele uma questão que o torturou durante muito tempo. Até o dia em que entra pela porta de seu consultório a pequena Élise.

No hospital, o psiquiatra atende crianças, bebês e adolescentes. No consultório que mantém na cidade, continua a atender algumas horas por semana, em análise, um punhado de pacientes adultos. Ele gosta de manter as duas práticas ao mesmo tempo, a escuta dos adultos, acredita, o ajuda a entender melhor as crianças, assim como a dos menores modifica e enriquece a escuta de seus analisandos. O exercício da psicanálise no consultório particular lhe permite, além disso, uma espécie de distanciamento, de lentidão, um respiro em uma prática hospitalar que, frequentemente, tem um ritmo intenso.

No Necker, o cotidiano é grave e os casos, muitas vezes, pesados: pacientes psicóticos, autistas, infâncias corroídas por transtornos invasivos do desenvolvimento. No entanto, Élise, que tanto o marcou, não é, nem de longe, um desses casos difíceis. É uma menininha de sete anos, a mais velha de três irmãos, que sofre de um mal conhecido e que não poderia ser mais banal. Élise sente ciúmes.

Alguns anos antes, nasceu uma irmãzinha, e a partir de tal nascimento a criança fica triste, se retrai de maneira preocupante. Está sem apetite, não tem o menor impulso para brincar nem estudar, seus resultados escolares despencam. É a mãe, por sugestão do próprio psicanalista e acompanhada de seu esposo, que leva a menina até o Necker. E Bernard Golse, apesar de sua agenda sobrecarregada, aceita atender a menininha. Eles irão se encontrar ali aos sábados de manhã. Élise será conduzida por seu pai que irá esperá-la, durante as sessões, atrás da porta. O pai aceita sem muita convicção; no entanto, sua filha, desde o primeiro sábado, participa das atividades com um entusiasmo extraordinário.

A partir do momento em que o enquadre terapêutico é estabelecido, assim que a porta do consultório se fecha, e o professor Golse e a menininha se colocam frente a frente, Élise se torna incrivelmente desembaraçada. Tem um prazer notório em falar, o faz com inteligência, vivacidade, evoca a escola, os amigos, o bebê, e parece entender rapidamente o que ela e esse desconhecido estão fazendo. Existe entre eles uma aliança terapêutica razoável, um trabalho voluntário que consiste em refletir juntos sobre a parte de si própria que sofre. E ainda há aquilo que as palavras trocadas provocam em um, provocam em outro, a transferência, a musiquinha inconsciente a qual somos capazes, ou não, de deixar ressoar. Élise, com sete anos, ouve essa música. Ela a percebe tão bem que ousa fazer comentários às interpretações de Golse e, às vezes, recusa-as com graça e confiança que encantam o psicanalista. Ele imita sorrindo o rápido movimento de ombros que Élise faz nesses momentos, balançando o rabo de cavalo, levantando os olhos para o alto, com um pequeno suspiro de desdém: "Ah, nada disso..." A criança, ao longo da sessão, pretende-se onipotente, ao ouvi-lo, ela sabe tudo, pode tudo, é mais forte do que tudo, e Golse acredita, e lhe diz isso, que sua arrogância é um antídoto à depressão, uma maneira de adquirir forças na medida em que estas lhe faltam tanto. E, obviamente, o rabo de cavalo balança: "Ah, nada disso..."

O entusiasmo da menininha não esmorece entre um encontro e outro, as primeiras conversas são de uma grande riqueza, e depois, pouco a pouco, Élise fica menos falante. Passaram-se alguns meses, e ela que tanto tinha a dizer, a partir de então fica calada durante longos minutos. Esses espaços sem palavras não assustam o psicanalista, que gosta de compartilhar silêncios com seus jovens pacientes. Contudo, neste caso preciso, algo se bloqueia na terapia e, ao evidenciá-lo, retoma um novo impulso. Até que a criança lhe faz um pedido: Élise quer sentar-se em seu colo.

Pode-se aceitar tal pedido? E o que diria o pai, que está exatamente atrás da porta, se encontrasse a filha sentada no colo de seu terapeuta? Bernard Golse tem que pensar rápido, tudo se passa em alguns segundos. Ele pensa que Élise faz sobre ele uma transferência materna muito importante, que ela está em busca de um elo continente, envolvente, e que se ele não atender à sua demanda, a criança não irá mais longe em sua terapia, a partir desse momento não dirá mais nada, e retornará à sua depressão. Ele também sabe, de sua experiência, que a distância física que se impõe com os pacientes adultos não se estende necessariamente aos menores, que uma criança não deixa de ser criança porque se encontra em terapia, que às vezes pede para ser carregada, levantada, abraçada. Élise é uma menininha para quem é natural subir no colo desse adulto, desse médico em quem ela confia. E esse gesto tem um sentido para ela. Por que ceder à suspeição, ao medo do entorno?

Élise passa então algumas sessões seguintes no colo de seu psicanalista. E reencontra, em seguida, o uso da palavra. Quando retornar para sua cadeira, o impulso da transferência, os progressos da terapia retomarão força. Élise desenha... Ela quer ser piloto de caça. Certa manhã, representa um avião no qual o psiquiatra acredita ler seu desejo de partir, de deixar uma casa onde, desde o nascimento do "outro", sente-se infeliz. Élise escuta o comentário sobre seu desenho com avidez. E o professor Golse acredita ter que se explicar: no enquadre terapêutico em que os dois se encontram, ele não sabe ver os desenhos das crianças de outra maneira a não ser procurando um sentido neles. "Você compreende, Élise?" A criança, elevando os ombros: "É evidente, é sua profissão, só isso."

Cinco anos mais tarde, ele repete as palavras de Élise com um belo sorriso. Uma pequena frase, pronunciada por uma menininha, que para ele vale bem mais que os diplomas, as recompensas, o valor profissional que revelam sua prestigiosa carreira. "É evidente, é sua profissão..." A evidência de se encontrar exatamente em seu lugar, essa alegria que lhe fazia falta, a pequena Élise lhe oferece como um presente.

O verão chega, a criança está bem melhor, irão se rever no retorno das férias e, se Élise estiver definitivamente melhor, as sessões serão interrompidas. Ora, em setembro, ela parece muito bem, não está mais triste, o apetite de viver voltou. Despedem-se então. Mas no consultório do professor Golse, o rabo de cavalo balança e a criança se rebela um pouco. "Está tudo bem, sim. Mas será mesmo que eu preciso de um motivo para vir vê-lo?" Como é engraçada, como é delicada essa menininha que, no entanto, mal acaba de atingir o período de latência. O que revela essa frase é que ela entendeu o que é o trabalho analítico, e que compreende que um vínculo foi estabelecido entre o terapeuta e sua pequena pessoa, uma transferência que vai além da simples problemática que foi apresentada alguns meses antes: Élise está deprimida. Porque essa criança tão jovem entendeu que, para além das conversas, uma troca inconsciente ocorreu, pois ela ouve perfeitamente essa musiquinha, e porque também, obviamente, ela melhorou tanto, o psicanalista jamais esquecerá a pequena Élise. Essa profissão misteriosa, Bernard Golse sabe de fato exercer muito bem, e nunca ninguém antes dessa menininha o havia feito sentir a que ponto ele esteve, está e ainda estará nesse papel bem exatamente onde devia estar. É evidente, é sua profissão… para ele, não existiria nenhuma outra. Maestro? "Ah, nada disso…"

Um Caminhão Vermelho Tão Bonito

Simone Korff-Sausse
& Arthur

Ele tinha vinte meses, ela tinha quarenta anos e, na primeira vez que ela aproximou seu rosto ao dele, Simone Korff-Sausse recebeu um tapa do pequeno Arthur. Assim iniciava a análise mais marcante de toda sua carreira, uma aventura clínica exemplar que iria alimentar durante anos as reflexões e as pesquisas da psicanalista e ajudá-la a teorizar sua prática no futuro. Aquilo que defende nos livros que a tornaram conhecida, aquilo que transmite a seus estudantes e aos profissionais que supervisiona, a maneira pela qual, há trinta anos, escuta seus pacientes, em grande parte, foi Arthur quem lhe ensinou.

Simone Korff-Sausse diz com um sorriso que é uma "psicanalista dos extremos". Seus pacientes são essencialmente jovens com alguma deficiência, inválidos, trissômicos, crianças cujo diagnóstico fisiológico definitivo as aprisionou em uma identidade desesperançosa em relação a que, em geral, a psicanálise não tem muito o que fazer. Como se a deficiência mental e física aniquilasse qualquer vida psíquica, como se essas crianças não sonhassem, não sofressem, não tivessem Édipo a ser resolvido nem romance familiar a ser construído. Como se a deficiência diagnosticada de forma definitiva, sem mistério e sem remissão possível, lhes proibisse a esperança, o dinamismo, a própria vida que uma terapia pode insuflar no coração do destino congelado de um indivíduo. Arthur demonstrou-lhe o contrário.

A cena inaugural do tapa ocorre na sala de espera de um centro de atenção médico-social. Estamos em Paris, nos anos 1970. Nessa época, acredita-se no tratamento multidisciplinar, em estruturas em que pais e filhos podem ser atendidos no mesmo lugar por fonoaudiólogos, fisioterapeutas, psicólogos e outros profissionais trabalhando em equipe. O centro onde, então, trabalha Simone Korff-Sausse é um pioneiro no gênero. Nesse dia, após o surpreendente primeiro contato, a psicanalista conhece Arthur e sua mãe, e encontra ambos em um estado impressionante de trauma e abatimento. A mãe tem 25 anos, é bonita, formava até pouco tempo atrás um casal feliz com seu jovem marido, engravidou, tudo ia bem até o nascimento do bebê. Seu parto foi dramático, ela quase morreu, ficou hospitalizada por um longo período e, segundo lhe disseram, não poderá mais ter filhos. Quanto a Arthur, durante o nascimento lhe faltou oxigênio, seu cérebro sofreu danos, e, portanto, ele se tornou deficiente físico e mental. É um menininho profundamente incapacitado que jamais poderá andar.

Arthur frequenta o centro para fazer fisioterapia, mas seus pais, preocupados, pediram uma consulta com a psicanalista. Além de sua deficiência, apresenta, já há algum tempo, comportamentos estranhos. Assim que vê um aquecedor, sobe e agarra-se a ele, em seguida, bate sem cessar na parede do aparelho com qualquer objeto que apareça em sua frente. Da mesma maneira obsessiva, introduz, com frequência, lápis em suas narinas e repete as mesmas palavras ininterruptamente, as poucas palavras de que dispõe e com as quais se atordoa: "Papai, mamãe, está quente, bebê, quebrado." Os médicos suspeitam que o jovem enfermo também seja psicótico.

Desde seu primeiro encontro, Simone Korff-Sausse fica chocada com a injusta assimetria da situação. Ela, a psicanalista, é uma adulta em pé, em evolução, em plena posse de suas capacidades. Ele, o paciente, é um bebê a quem faltam cruelmente os meios para se fazer compreender, um ser que deve ser carregado, colocado sobre o tapete, que permanecerá sentado por toda a vida, dependente, desprovido. Ante capacidades tão reduzidas, uma privação absoluta, será preciso responder com disponibilidade, liberdade de espírito e receptividade totais, será preciso se deixar levar, aprender este vínculo analítico do extremo pelo lado não verbal, que passará pelo corpo, jogo e pelo símbolo. Começou pelo tapa ao qual a psicanalista, surpresa, respondeu espontaneamente: "Você tem algo a me dizer." Ela não tem a menor ideia do que vai acontecer, mas acredita firmemente na capacidade de Arthur de lhe significar do que se trata e, também, na própria capacidade de entendê-lo.

Eles se encontram uma vez por semana. No início, a mãe está presente durante os encontros, até o dia em que Arthur, na sala de espera, estende os braços para Simone Korff-Sausse, sinal de que está pronto para estar frente a frente com a analista. E assim vão passar quatro anos em contato, ele deitado sobre o tapete, brinquedos, folhas de papel, bonecas à sua disposição, ela o olhando, o escutando, dizendo a ele o que ela acredita entender.

Em cada início de sessão, Arthur empurra um carrinho cuja roda está quebrada. E, já que é o que ele prefere entre todos os outros, Simone Korff-Sausse empenha-se, a cada vez, em consertá-lo antes do próximo encontro. Arthur, então, na sessão seguinte logo desfaz o conserto, retira a roda do carrinho e, em seguida, o faz correr, ainda e sempre, periclitante, cambaleante sobre o tapete. Até que a analista entende. O que fazemos com um carrinho que não pode rolar, com um menininho que não pode andar e que nunca andará? Eis a pergunta que Arthur lhe faz, eis o que ele está querendo lhe dizer: você não está aqui para me consertar, já que sou irreparável; você está aqui para me deixar ser o que verdadeiramente sou, uma criança irremediavelmente quebrada que deve tratar de viver. A obstinação dos adultos em agir como se a deficiência fosse invisível, como se nada fosse anormal, enquanto, na verdade, Arthur não irá se levantar... O que a criança pede, o que Simone Korff-Sausse então irá lhe oferecer, na verdade, é um lugar onde pode existir a criança quebrada que tem o direito à desesperança, um lugar onde ela não vai lutar contra sua tristeza, mas sim ouvi-la e reconhecê-la. Arthur, enfim, pode se deixar levar.

Ele agora se encanta com um lindo caminhão vermelho e um homenzinho. A brincadeira consiste em colocar o homenzinho dentro do porta-malas do veículo e depois tentar fazê-lo sair. É difícil, o porta-malas é muito estreito, enfiá-lo e retirá-lo dali não se faz facilmente, é um jogo doloroso, arrancando-lhe gritos, mas que repete sem cansar, às vezes lançando, de raiva, o homenzinho para o outro lado da sala. Arthur representa o próprio nascimento. Porque sua jovem existência está como que suspensa naquelas poucas horas em que sua mãe e ele estragaram um ao outro, porque ainda está preso ali, no trauma das origens do qual não consegue sair, Arthur irá contar sobre isso infinitamente. Durante meses, anos, dirá, por meio de jogos, gestos, sobre a difícil chegada ao mundo e dará a isso várias versões diferentes. Às vezes, o caminhão para no sinal vermelho, fica impedido de rodar durante várias sessões, como se o destino tivesse decidido impedi-los, sua mãe e ele, de seguir adiante. E, às vezes, o homenzinho sai voando, volteia pelos ares, carregado com dificuldade pela criança cujo corpo está pregado no chão e que, enfim, consegue sublimar o drama.

Continua a gostar dos aquecedores, encolhe junto ao do consultório de Simone Korff-Sausse, um aquecedor em ferro fundido no qual bate, frequentemente, com um bastão, uma colher, com a orelha colada na parede morna. A psicanalista observa, entende, enfim, o que diz o bebê. O calor é o da incubadora onde a criança foi colocada, e o barulho são os ruídos regulares e talvez assustadores da aparelhagem médica à qual ele esteve ligado; onde os lápis que enfia nas narinas representam os tubos que o fizeram respirar. Simone Korff-Sausse narra em voz alta o que a criança faz, fala sobre os aparelhos ensurdecedores que acompanharam as primeiras semanas de sua vida.

Arthur brinca agora com um boneco que joga no cesto. É um gesto que a psicanalista irá rever frequentemente em seus pacientes com deficiência, bichos de pelúcia, bonecas, homenzinhos lançados *manu militari* ao lixo, como para significar o horror de não ser a criança que os pais sonharam. Todas as crianças com deficiência, acredita a psicanalista, trazem consigo a culpa pelo sofrimento que, involuntariamente, infligiram aos pais, a certeza de que são responsáveis pelo caos, e que talvez teria sido melhor se não existissem. Devem poder dizê-lo, de uma maneira ou de outra, assim como os pais devem poder formular também o inadmissível, a vontade de matar que, simultaneamente ao amor, talvez lhes tenha atravessado: se essa criança apenas não tivesse existido.

Arthur cresce, Arthur desenha. A cada semana, repete incansavelmente, diante da psicanalista, os primeiros momentos de sua existência, mas se alguém assistisse as suas sessões, sem dúvida, nada entenderia do que se passava ali. Atualmente, a psicanalista supervisiona vários terapeutas que cuidam de crianças com deficiências físicas e mentais. E, entre eles, alguns lhe falam de seu desespero. Às vezes, o que se produz na sessão lhes permanece desesperadamente ininteligível, não conseguem fazer nenhuma leitura, nada entendem, o comportamento da criança os deixa sem reação. Pois, provavelmente, é preciso uma empatia, uma receptividade profunda para acolher tal tipo de transferência, talvez um tipo de dom, assim como um músico dotado de ouvido absoluto, para que o psicanalista ouça o que talvez para outros permaneceria inaudível.

A criança fala cada vez melhor. Certo dia, diz: "O Arthur, ele quer me sentar", significando, com este desdobramento, a frustração terrível de não ter o domínio do próprio corpo. Diz ainda: "Quero outros lápis que escrevam", ao que a psicanalista responde: "Você quer outras pernas que andem." "Quero lápis como você", suspira o menininho. "Você quer pernas como as minhas."

Assim passam-se quatro anos, até que o boneco de Arthur não vai mais para o lixo. A criança agora cuida dele, preocupa-se se ele sente fome, se sente frio, protege-o com um pequeno cobertor. Arthur diz que seu bebê está cansado, que deve dormir, pede que apaguem a luz, o que a psicanalista faz, e depois, que a luz seja acesa novamente. "O bebê saiu do aquecedor", declara o menininho. "Ele faz naninha, ele tem sonhos bonitos", é como se Arthur tivesse, enfim, saído da noite do drama. Todo homem constrói para si um mito das origens, reconstitui, reescreve o encontro parental e sua chegada ao mundo. E Arthur, assim como os outros, devia também, para continuar a viver, fazer o relato de seu indizível nascimento.

Acabou por partir, um dia, consideravelmente apaziguado, em sua cadeira de rodas. Simone Korff-Sausse irá revê-lo de tempos em tempos, quando de uma difícil cirurgia durante a qual a criança necessitou de seu apoio, e no evento do nascimento de sua irmãzinha. Pois o impossível aconteceu. A jovem mãe finalmente pode ter outro filho, Arthur tem onze anos na ocasião, e pronuncia diante de sua analista esta fala notável: "Eu vou ter que cuidar do bebê." O menino preso à sua cadeira, o deficiente para sempre dependente dos outros, reencontrou a vida, o dinamismo psíquico, a capacidade humana fantástica de se apossar do real. Durante uma de suas últimas sessões de sua primeira infância, disse à sua terapeuta: "Quando tenho quatro anos, começo a nascer."

O Escultor no Pátio

Serge Hefez
& Elena

Elena é atriz. É uma bela mulher, loira, esbelta, cheia de charme. Alavancou sua carreira sem muito esforço, aos dezoito anos, em uma novela televisiva que lhe rendeu rapidamente certa fama, e ela, então, acreditou que tudo seria fácil. Tem 34 anos atualmente e nada aconteceu conforme esperava. Após o primeiro sucesso, as coisas pararam por ali, ou quase; recebe ofertas apenas para papéis secundários, passa sua vida a fazer testes como atriz e a ouvir negativas, a desempenhar, ela que só se sente feliz sob os holofotes, papéis obstinadamente invisíveis. Está exausta. É uma das primeiras pacientes do jovem psiquiatra e psicanalista Serge Hefez.

Ele lembra hoje que dezenas de homens e mulheres, desde então, deitaram-se sobre seu divã, e que tratou, em seu consultório ou no hospital de la Pitié-Salpêtrière, no qual dirige a unidade de terapia familiar, inúmeros indivíduos. A maior parte deles, ele diz, desapareceu de sua memória. Mas ela não, e já se passaram quase trinta anos.

Elena, cuja vocação de atriz está fracassando, que seduz assim como respira e que sempre está às voltas com amores decepcionantes. Elena que, certo dia, bate à porta de seu consultório parisiense, com a intenção de começar, custe o que custar, uma análise. Não tem medo do divã, não tem medo da aventura dolorosa que se inicia; ela conhece suas regras e vai se adaptar a elas. Maravilhosamente. Três vezes por semana, sempre pontual, é durante os quarenta minutos uma paciente ideal. "Entregando-se" imediatamente à análise, sem resistência, oferece a cada sessão um material prodigioso, sonhos, associações, sempre mais combustível para seu jovem analista, assim seduzido. Nos dias em que ela tem horário agendado, Serge Hefez fica contente, impaciente, esperando o momento de lhe abrir a porta, e quando Elena se deita e fala, rabisca como um louco, sentado atrás dela, fascinado pela limpidez, pela sutileza das associações, pela rapidez com a qual a jovem antecipa suas interpretações. Apresenta todas as características de um caso apaixonante de histeria, e é a ele, o jovem *psi* debutante, oh, maravilha, que ela oferece esse caso-modelo. Ela preenche todas as suas expectativas.

Isso dura meses, anos, é empolgante, e tão mais gratificante na medida em que, para Hefez, quanto mais a análise progride, mais Elena lhe garante que, graças a ele, ela está melhor, que, sem ele, estaria morta, que é um analista extraordinário. "Deus na terra", ele diz, hoje, rindo. Mas "Deus" felizmente, na época, ainda tinha supervisão de seu trabalho analítico.

Ele fez, muito jovem, seis anos de análise com Serge Leclair, o primeiro discípulo de Lacan. O homem tinha, então, uma aura fantástica no meio analítico, mas o tratamento com ele era espartano, raramente descerrava os dentes, e esse interminável silêncio foi para Hefez, que procurava um vínculo maternal, um verdadeiro sofrimento. Naquela ocasião, seu "supervisor", com quem semanalmente falava sobre seus pacientes e seu trabalho de analista, era Jean Clavreul. E Elena ocupava, evidentemente, nesses encontros, um lugar essencial. A cada vez que a evocava, Hefez retirava de seus bolsos todo tipo de anotações que lia em voz alta, tinha sempre muitos sonhos a relatar, os de Elena, os seus, teorizava, argumentava, fornecia a seu supervisor todo um material analítico que pensava satisfazer Jean Clavreul. Até o dia em que, pela primeira vez, falando de sua paciente, Serge Hefez não tem mais nada a dizer. Um branco, um silêncio, causando-lhe certo constrangimento, o qual Clavreul desfaz com uma frase que, enfim, irá libertá-lo: "Você não está aqui para me fornecer o que quer que seja." Ei-lo diante da realidade da transferência que se entrelaça com sua paciente, seu supervisor e ele mesmo. Quando Hefez fala de Elena a Clavreul, ele "desempenha o papel" do bom analista, no fundo quer fazer de tudo para ser seu melhor aluno e reproduz exatamente o que, em seu consultório, Elena procura ser para ele e acaba sendo bem-sucedida: a melhor paciente.

Serge Hefez está encantado, e ainda permanece assim trinta anos depois, quando fala a respeito disso, pois percebe, então, com Elena, mais do que com qualquer outro paciente, a verdadeira natureza da transferência. Assim como em uma peça de teatro com duas personagens, cujo texto teria sido escrito por ela mesma, Elena atribuiu os papéis a ambas. Ele será um analista extraordinário e ela será sua paciente ideal, sua preferida, a musa que irá revelar a ele sua vocação. A não ser que uma terceira personagem intervenha, o supervisor, sobre o qual Elena não tem poder, e graças ao qual Hefez desperta, enfim, dessa história inverossímil. Em seguida, liberta, da mesma forma, sua paciente.

Pois a infância e a adolescência de Elena são um conto sinistro, um sonho do qual também deveria acordar. Elena cresceu, com sua irmã mais velha e seus pais, em um único pequeno cômodo, no andar térreo, que dava em um corredor escuro e sujo de um prédio parisiense. O pai bebe, a mãe definitivamente não gosta de suas filhas e as abandona, ali não se conversa, não se beija; nesse pequeno apartamento sombrio, existem apenas maus-tratos, indiferença, miséria afetiva e intelectual. Porém, do outro lado do corredor, abre-se uma porta para o ateliê de um artista. Ali, o dia penetra intensamente pelos vitrais amplos, é um ambiente sempre claro, e nessa bela luz trabalha um artista escultor. Elena, desde pequena, atravessa diariamente o corredor para visitá-lo. Enfia-se furtivamente entre as bancadas, levanta os tecidos que recobrem os bustos, os rostos de argila, observa o homem trabalhando, suas mãos poderosas, as mulheres todas muito bonitas que lhe servem de modelo. Ele a deixa entrar sem reclamar, frequentemente adivinha sua presença às suas costas, quando está esculpindo, às vezes a levanta para sentá-la sobre a mesa, oferece-lhe guloseimas e pequenos presentes. Elena venera-o. Ela sai todos os dias do apartamento sombrio para o ateliê banhado de luz, da indigência familiar para o universo refinado do artista, um mundo que passa a amar, ainda mais quando, ano após ano, vai se tornando sua pobre pequena rainha. Seus pais jamais se preocupam com as horas que a criança passa no ateliê desse desconhecido. No entanto, o escultor abusa da menininha, é culpado pelas carícias desde os primeiros anos, e, na puberdade, faz da jovem Elena sua amante. Ele não a violenta, mas ostenta um discurso que aprisiona sua presa infeliz, um conto no qual Elena desempenha o papel da musa que o inspira e o satisfaz plenamente, da princesa que reina em seu coração, certamente muito mais do que suas belas visitantes; nunca havia criado tão bem, ele lhe diz, até que a criança sedutora entrasse em sua vida. E é essa a história que Elena conta sem reticência ao seu analista. Não a realidade, que ela jamais admitiu, ou seja, ter sido durante toda sua infância e toda sua adolescência, vítima de um pedófilo. Mas a fábula segundo a qual Elena foi a eleita, a menininha e a mulher ideal, a musa de um homem refinado a quem ela soube revelar o próprio talento. Ela acreditou reinar em seu coração, quando evidentemente foi sua escrava. E tomando seu analista pelo escultor que fez sua desgraça, revela o fantasma que a mantém viva e ao mesmo tempo a aniquila: ser a rainha, a eleita, a mais fascinante, a mulher mais valorizada por aqueles que a rodeiam, dos quais adivinha, com um desgastante e infinito empenho de sedução, os mínimos desejos. Estar sob a luz.

Serge Hefez sabe, evidentemente, o que é transferência. A conhece de forma teórica e pôde vivenciá-la na própria análise. Porém, com Elena, descobre a que ponto a resolução da transferência é verdadeiramente o motor da cura. Descobre, sobretudo, o aspecto tão misterioso, tão belo do encontro analítico: o inconsciente do paciente e o do analista, às vezes, se correspondem, se revelam e um conduz o outro em uma dinâmica que escapa aos indivíduos e que pode ser vertiginosa. Foi libertando-se do papel do "bom analista", que desempenhava sem dar-se conta, que ele pôde também libertar sua paciente do papel que a impedia de viver. E, com Elena, as coisas puderam ir ainda mais longe.

Passaram-se vários anos. Desde que deixou de ser a paciente ideal, Elena, e isso é incontestável, está melhor. Está mais calma, não insiste mais em ser atriz, ama um homem que também a ama, e os encontros com Serge Hefez passam a ser mais espaçados. A análise já dura sete anos, talvez um pouco mais. Ambos sentem que o fim se aproxima, a paciente sobre o divã e o *psi*, atrás dela, que escreve cada vez menos. Desde há muito tempo, em cada sessão, Elena fala sobre sua mãe, a mãe idosa que agora vive sozinha, de quem ela cuida com frequência e que não a recompensa com nenhum agradecimento. Sua mãe, ela diz, jamais teve em relação a ela gestos, palavras de uma mãe tal como imagina que deva ser, nunca dedicou a menor atenção às suas filhas, pois, caso contrário, como a teria deixado sozinha, todo dia, entregue ao escultor do pátio? Ela fala e Hefez não a escuta mais. A verdade é que ele se entedia, quase adormece. Elena traz, há meses, as mesmas lembranças, não há mais progresso e a análise se enfraquece, está na hora de finalizar o tratamento. E é nesse torpor, quando Elena conta mais uma vez sobre a mãe que nunca de fato foi uma mãe, e as palavras deslizam sobre seu analista, que o rosto de sua mãe, repentinamente, aparece para ele. Um rosto em prantos. Hefez reconhece esta tristeza. Sua mãe perdeu, muito jovem, um irmão, e esse luto materno deixou sua marca nele, constitui uma das razões que levaram ele próprio ao divã. Por que reapareceria anos mais tarde? Elena, bem no início de sua análise, contou a mesma coisa. Sua mãe, há muito tempo, perdeu um irmão o que lhe causou uma imensa tristeza. Contudo, desde então, Elena nunca mais falou sobre isso. Foi Serge Hefez que, sete anos mais tarde, tomado pela imagem pessoal, se escuta dizer a ela como se dissesse a si mesmo: "Como sua mãe poderia cuidar de você já que ela está e sempre esteve de luto?" E essa frase tem sobre sua paciente um efeito fantástico, choros, gritos, provoca uma dessas "ab-reações", uma dessas libertações emocionais, raras e espetaculares, que se produzem quando uma interpretação analítica permite sentir, às vezes com anos de atraso, afetos que foram contidos.

Elena passou grande parte de sua vida tentando cuidar da depressão materna, quase se perdeu no luto que não era o seu, nesse poço sem fundo, do qual seu analista, ele mesmo, havia saído anos antes dela e do qual vai salvá-la com uma simples frase, quase que involuntariamente. Ele jamais esqueceu aquela sessão, uma das últimas com Elena. Jamais esqueceu o instante em que seu inconsciente e o de sua paciente, de forma abrupta, arcaica, se fundiram. Na multidão de elementos que se transmite entre um psicanalista e seu paciente, alguns deles são ainda, ele acredita, não formulados, não teorizados pela ciência freudiana. São da ordem da transmissão de pensamento. Elena, como nenhum outro paciente depois dela, lhe revelou tal fato.

A Casa dos Sonhos

Jacqueline Schaeffer & Laure

Existe em algum lugar no consultório de Jacqueline Schaeffer um seixo de rocha negra, vulcânica, que vem do fim do mundo. Foi uma paciente, Laure, que lhe trouxe de Ushuaia. A pedra se assemelha à mulher que ela era quando chegou pela primeira vez ao consultório: uma pequena senhora, sombria, dura, tomada pela intensa dor física que a impedia de viver.

Com mais de cinquenta anos, ainda que elegantemente vestida, parece um garotinho. Tem cabelos curtos, uma silhueta andrógina, gestos bruscos e desajeitados. Recusa a se sentar e apoia-se apenas, com uma expressão de sofrimento, no braço da poltrona.

Laure sofre de vulvite, uma rara inflamação da genitália feminina, que nenhum dos médicos consultados consegue curar. Desde então, é impossibilitada de ter qualquer vida sexual, não se senta mais, o mínimo roçar se torna um martírio secreto. É seu ginecologista quem lhe sugere, em desespero de causa, que procure um psicanalista. Mas Laure não acredita nos poderes da terapia, e o diz de imediato a Jacqueline Schaeffer. Está ali contra sua vontade, cética, pronta a ir embora. "Não acredita na terapia? O que importa? Fale o que a trouxe aqui e então veremos", a incentiva a psicanalista. "Mas não é o mal que a faz sofrer que me interessa. É você. Fale-me de você…"

Laure aceita, sem convicção, vir uma vez por semana. Sessões inúteis que se esgotarão por si mesmas, ela acredita, uma vez que tinha contado sua vida; não deveria durar muito.

É uma mulher inteligente, que se expressa com facilidade, com estudos brilhantes, uma bela carreira, e que lida mal com a pré-aposentadoria que estão lhe impondo. Seu esposo é um homem extrovertido e caloroso, que fala muito, sedutor e divertido socialmente, enquanto sua mulher é quieta e introspectiva. As pessoas queridas constantemente repreendem Laure por sua frieza, seus silêncios, a distância física que impõe. Tem fobia de contato, é incapaz de gestos de carinho, mesmo em relação aos seus dois filhos, os quais, no entanto, diz a Jacqueline Shaeffer, são tudo para ela. Teria desejado um terceiro filho, seu marido não quis, agora vai se tornar avó e a gravidez de sua nora, hoje, a deixa curiosamente triste.

Laure é praticante, desde sempre, de esportes radicais. Paraquedismo, escaladas, *bungee jumping*, todo final de semana; enfim, tudo vale para colocar seu corpo à prova e procurar seus limites. E sua vida é assim há muitos anos. Dias inteiros voltados para a ação, tensão, o trabalho de grande responsabilidade e esportes de alto risco. E noites habitadas por um sonho recorrente, um sonho que começa, sempre, como uma contemplação.

Laure sonha quase toda noite com um lugar maravilhoso. Sol, vastos jardins perfumados, grandes casas calmas, luxuosas, embranquecidas pela luz, e um sentimento de espaço, de quietude, bruscamente interrompido. O sonho, invariavelmente, transforma-se em pesadelo; Laure se sente arrancada dela mesma e ao mesmo tempo dessa terra de suavidade, o sol desaparece, as moradias com pé-direito alto, onde se respira tão bem, se transformam em um lugar estreito, sinistro, onde a luz, agora, não penetra mais.

Esse sonho, Laure percebe ao contá-lo a Jacqueline Schaeffer, fala de fato sobre a história da própria mãe. Era uma mulher que nasceu na Argélia, cresceu em uma família de *pied-noirs*[1] abastados, morou em lindas casas e vastos parques, sendo que o exílio, para ela, foi terrível. Jovem mãe, deixou como tantos outros o calor e os imensos céus argelinos para lidar com os entornos de um país que não era o seu. Instalou-se com seus

---

[1] Franceses de origem europeia que viviam no norte da África, especialmente na Argélia, até a época da independência. (N. da T.)

filhos em um pequeno apartamento sem nenhuma semelhança com o que conhecia até então e, nesta França onde faz tanto frio, nessa moradia onde se vive tão apertado, onde os tetos são baixos e, principalmente, onde o sol não penetra, a jovem senhora, de forma abrupta, perde toda vivacidade. Prostrada, deitada noite e dia, perdida na nostalgia de um país que nunca mais irá rever, deixa, na realidade, de ser mãe. Nenhum gesto mais, nenhum olhar mais para seus filhos, em particular para a pequena Laure, a qual abandona e que aprende a crescer sem carinho ao lado dessa mulher que o exílio fez mergulhar na depressão. Para mãe e filha, algo foi aniquilado durante a travessia do Mediterrâneo.

Passados mais de quarenta anos dessa ruptura, no consultório de sua analista, semana após semana, não se fala mais da dor misteriosa da qual Laure queixou-se na primeira sessão, apenas a tristeza que havia sentido, quando menininha, ao perder contato com sua mãe. A dor física desapareceu para dar lugar, enfim, ao desespero que estava destinada a esconder. Laure descreve as mãos que não a tocam mais, os braços que de um dia para o outro deixaram de apertá-la como se seu corpo tivesse simplesmente desaparecido. A prática hoje de esportes arriscados, Jacqueline Schaeffer a ajuda a entender, nada mais é, no fundo, do que uma maneira de experimentar os limites desse corpo que se tornou invisível, de se sentir encarnada na experiência física, viva, enquanto a morte possível nunca está muito longe.

Laure retoma o curso de sua existência e lhe vem uma triste lembrança, a de sua mãe idosa, no momento de sua morte, que pede para segurar as mãos de seu esposo e de seus filhos. Laure decide se aproximar muito tarde e esse horror do contato passa a ser o seu. Hoje ela lamenta, repreende-se intensamente por não ter conseguido superá-lo, e a sessão em que evoca a cena é de uma grande violência. Laure percebe, pela primeira vez, a extensão de seu sofrimento mental, e as sessões que se seguem são experiências tão dolorosas como um esporte radical praticado entre quatro paredes, que Jacqueline Schaeffer considera útil lembrá-la de que a porta, é claro, está aberta. "Nada a obriga a vir me ver."

Porém, Laure, tão cética, tão convencida da inutilidade de falar sobre si mesma para uma desconhecida, responde que não consegue mais passar sem esses encontros, que entendeu o trabalho que está sendo realizado nela, e quer ir até o fim.

Jacqueline Schaeffer tem trinta anos de experiência profissional. Ela viu inúmeros pacientes, "crentes" fervorosos da psicanálise, regredirem durante anos sobre o divã e resistirem com todas as suas forças ao tratamento, perdendo-se em um relato sobre si que não levava a nada, incapazes de deixar o trabalho se realizar. E Laure, que não acredita na psicanálise, que chegou ali a contragosto, dando de ombros, percorreu em apenas alguns meses um caminho extraordinário. Maravilhas do trabalho analítico, quando evolui de forma tão rápida e forte, e toma a todos de surpresa, o paciente e seu analista. A doce e feminina Jacqueline Schaeffer sabe que jamais esquecerá essa pequena senhora rude que se parece tão pouco com ela e que, durante o tempo que passou em seu consultório parisiense, revela-se com tanto "talento", termo que ela utiliza hoje, para a psicanálise.

Passou-se pouco mais de um ano desde que Laure começou seu relato. E ei-la, enfim, sentada na poltrona grande. Seu esposo, filhos, amigos, lhe dizem que ela se tornou mais terna, mais sorridente. Ela tem prazer em estar em companhia de outras pessoas, sente-se feliz, enfim, de ter uma descendência. A transformação é extraordinária. E, para Jacqueline Schaeffer, é extremamente gratificante assistir, com essa paciente, ao mais belo pequeno milagre que sua vida de analista, até então, lhe havia dado a oportunidade de acompanhar. Laure, que deixou uma marca em sua vida profissional, agora trabalha como voluntária em um hospital. Quase todos os dias lê para os pacientes, conversa com eles, os faz rir, é claro, mas principalmente, passa um tempo a acariciá-los na testa, a massagear as pernas inchadas, a tocar suas costas doloridas. Ela se mostra tão habilidosa em suas sessões de toques, que os pacientes, sobretudo os idosos, a esperam e chamam por ela: onde está Laure dos dedos de ouro? Com mais de cinquenta anos, essa mulher descobriu a habilidade de suas mãos e recupera todo o tempo perdido.

Durante uma das últimas sessões, diz que sonhou com um lugar. Mas não é nem a grande casa sob o sol da Argélia, nem o pequeno apartamento do exílio, é uma linda moradia que lhe é familiar, rodeada de pequenos vales e verdes prados. Ela reconhece a casa de seus sogros. E na imaginação, entre essas paredes espessas, nessa paisagem terna, sente-se pela primeira vez em casa. Diz a Jacqueline Shaeffer: "Eu ancorei." Laure não está mais perdida em algum lugar do Mediterrâneo, nesse entre-margens onde sua mãe se deixou engolfar. Encontrou o caminho da própria casa.

E semeou, como o Pequeno Polegar, no consultório de seu analista, um pedregulho vulcânico que não se assemelha mais a ela.

As Vozes da Máquina de Lavar

Nicole Anquetil
& Aimée

A cada sessão, retira folhetos de sua bolsa, escritos por ela e impressos em dois exemplares. Ela os lê em voz alta, entrega a Nicole Anquetil a cópia que lhe é reservada e, em seguida, sai do consultório. Até a próxima vez. Até que tenha escrito o suficiente para marcar um novo encontro, ir à rua do Vieux-Colombier, em Paris, no consultório de sua analista para quem fará a leitura novamente. Desde o primeiro frente a frente entre as duas mulheres, foi ela, a paciente, quem estabeleceu as regras.

Aimée marca a consulta em um dia de junho de 2010 e vem acompanhada de seu esposo que aguarda, durante essa primeira entrevista, na sala de espera. Trata-se de uma pequena senhora muito miúda, com a tez pálida, de modos delicados. Tem setenta anos, mas parece não ter idade: "uma velha menininha", descreve agora a psicanalista. Aimée foi professora, hoje está aposentada, e seu marido, ex-professor de matemática e apaixonado por filosofia, atualmente dirige os "cafés *philo*"[1]. Os dois são cultos, curiosos, não tiveram filhos, mas têm muitos amigos, e o velho casal leva uma vida cultural intensa. Eles se amam e se amparam. Estão bem. No entanto, Aimée escuta vozes.

1   Debates filosóficos organizados em locais públicos. (N. da T.)

Desde que se aposentou, todo dia, quase todas as noites, "falam" com a pobre mulher vozes agudas ou roucas, femininas ou masculinas, quase sempre hostis, que a amaldiçoam, comentam seus gestos cotidianos, a assediam e a insultam, às vezes com muita violência.

O fenômeno não é desconhecido para Nicole Anquetil, que já atendeu pacientes com alucinações auditivas, e conseguiu atenuá-las, em alguns casos com a indicação de medicamentos. Mas Aimée lhe afirma enfaticamente, desde a primeira consulta, que não está de forma alguma doente, que não deseja ser tratada, que vem apenas para ler, em voz alta, sua curiosa história. Começou a escrever três meses antes, quer que um profissional escute o que ela já colocou no papel e o que vai, futuramente, continuar a escrever; o que "as vozes" lhe dizem e o modo como, a todo custo, tenta resistir a elas.

Nicole Anquetil aceita assumir tal papel, em um enquadre, portanto, que não é o de uma análise clássica. Durante aproximadamente três anos, ela escuta, quase sempre sem interromper, sem fazer comentários, o relato aterrorizante dessa mulher que ouve nitidamente frases que são dirigidas somente a ela e estão como que criptografadas nos ruídos da vida cotidiana, no canto dos pássaros, no "rosnar" dos trens no metrô parisiense, no "ronronar" da máquina de lavar, no barulho que faz, no salão de beleza, o correr do rio de águas claras sobre seus cabelos longos. As vozes a maltratam, a insultam, a invadem, mas Aimée tem uma arma para sobreviver a esse pesadelo: ela escreve. Em seguida, lê, e consequentemente, ouve a própria voz, a sua e nenhuma outra, entre as paredes desse consultório de analista; uma maneira de se organizar e resistir, com coragem, à própria loucura...

Nicole Anquetil tem dois anos a menos que sua estranha paciente. Assim como Aimée, é miúda, bem cuidada, de baixa estatura, e não é difícil imaginar as duas frente a frente, uma ouvindo, a outra lendo, no consultório tranquilo cujas janelas dão para as torres altas da igreja de Saint-Sulpice. Ao longo dos anos de prática, Nicole Anquetil foi se desfazendo, pouco a pouco, da rigidez, dos *a priori* da jovem analista que foi no início de suas atividades. Aprendeu que nenhum tratamento se assemelha a outro, que cada paciente, por meio de sua demanda singular, modela o psicanalista e lhe inventa um lugar e, não fosse esse longo aprendizado, sem dúvida, não teria concordado que essa pequena senhora apenas lesse para ela. Foi necessária sua experiência, trinta anos exercendo a psiquiatria e a psicanálise, para entender, a despeito da aparente neutralização, o papel que verdadeiramente a visitante peculiar a faz desempenhar. E também para aceitá-lo. Foi um fato feliz Aimée, um caso único, ela acredita, na vida de um analista, ter batido à sua porta tão tardiamente.

No enquadre de suas funções hospitalares, Nicole Anquetil tem uma longa experiência na apresentação de "doentes". Todos os meses, no hospital psiquiátrico de Villejuif, diante de uma assistência formada por cuidadores, enfermeiros, analistas ou apenas curiosos, ela interroga pacientes com os quais não tem nenhum vínculo terapêutico, os deixa falar sobre suas vidas, a história de seus sintomas, e desempenha, entre eles e o público, o papel de intermediário. A tradição de apresentação de pacientes faz parte, desde há muito tempo, da formação clínica na França, as de Charcot e as de Lacan eram famosas. E, para o doente, as sessões públicas podem ser um meio apaziguador de mostrar, fora da relação com o médico ou o analista, o que ele tem a dizer, de significar ao mundo aquilo que, em seu sofrimento, percebe como universal, ou pelo menos, compartilhável com um auditório.

E, de fato, é assim que Nicole Anquetil vivencia seu papel ao lado de Aimée. No momento das sessões de leitura em voz alta, é, ao mesmo tempo, seu intermediário e seu auditório, é aquela que lhe permite, com sua escuta atenta, transcender a experiência traumática e transformá-la em testemunho. E que testemunho... ao ouvi-la, a analista logo pensa em *Denkwürdigkeiten eines Nervenkranken* (Memórias de um Doente dos Nervos), de Daniel Paul Schreber, crônica assustadora que o magistrado alemão faz de sua loucura e que, publicada em 1903, serviu de base aos trabalhos de Freud sobre a psicose paranoica. Com Aimée, ela pensa, trata-se de um testemunho dessa ordem que é escrito ao longo das sessões e lido para ela, é um material clínico incrível que é transmitido a ela e, por meio dela, aos membros de sua profissão; pois, pela primeira vez, toda uma gama de alucinações verbais são transcritas pela própria pessoa vitimizada. A psicanalista mostra hoje, guardadas bem apertadas dentro de um envelope de papel azul, as folhas escritas que Aimée lhe entregou, uma por uma. Estão sublinhadas, com várias anotações. Nicole Anquetil trabalha nelas durante longas horas após cada sessão, compartilha regularmente com seus colegas a síntese delas, notadamente no seio do Colégio de Psiquiatria, e não disfarça para sua paciente o interesse que seu caso suscita. Principalmente, vai extraindo desse material, pouco a pouco, uma coerência e uma reflexão teórica.

O sofrido testemunho de Aimée demonstra, ao que parece, de maneira extraordinária, o caráter xenopático da linguagem; dito de outra forma, o fato de que a linguagem é exterior ao ser humano, que tem, em suma, vida própria. Não se nasce indivíduo falante, torna-se um, cada um "é falado" antes de ele próprio falar, o que permite, segundo Lacan, passar do estágio de criancinha imersa desde seu nascimento em um banho de linguagem daquele que fala, seja a figura do pai ou de quem está no seu lugar. Ora, na vida de Aimée existe um drama que vai se revelando ao longo das sessões, no ritmo do que dizem "as vozes", obrigando-a, no fundo, a evocar uma lembrança que até então se empenhava em calar. Seu pai, quando ela era criança, a violentou. Ocorreu um processo, Aimée tinha sete anos. O pai foi condenado e um cordão de proteção colocado em torno da menininha, mais tarde, da jovem, para retirá-la desse homem maldoso. Após a desqualificação trágica e massiva do pai, foram o poder público, os serviços sociais, a instituição judiciária, depois a educação nacional que mantiveram Aimée em pé, que ocuparam o lugar, em suma, da figura parental. Aimée passou longos anos em internato. Tornou-se professora. Está aposentada. Quando deixa, de fato, pela primeira vez desde a tragédia, o meio da instituição pública, é que as vozes a invadem, que sua relação com a linguagem se desloca, torna-se exterior a ela. "Falam" com ela e a "insultam", e essa psicose alucinatória, essa assustadora fragmentação da linguagem conta nada mais do que esta história: Aimée é uma "velha menininha", um ser "falado" que retorna à época maldita em que, pela atuação de um pai criminoso, a língua permaneceu "exterior" a ela.

Quando Nicole Anquetil fala de Aimée, expressa sem rodeios a consideração que tem por essa mulher corajosa. No início do tratamento que não se assemelhava a nenhum outro, Aimée piorou. As alucinações auditivas, cada vez mais numerosas, mais assustadoras, a assediaram como nunca, foi preciso recorrer aos neurolépticos, sem muito sucesso, para aliviá-la. E depois, pouco a pouco, as coisas se acalmaram. "As vozes" não se calaram, ainda estavam presentes, a psicanalista sabe disso, quando Aimée finalizou as sessões e retornou a viver sua existência. Porém, ao dar o testemunho, aprendeu a controlá-las, a não se deixar submergir, a fazer concessões a essas intrusas, pelas quais no fundo, nunca foi enganada. "É claro, não sou louca, é minha história que se conta através dessas vozes, e é minha vez de lhe falar como essa questão me escapa, como o que ela revela é universal; então, eis aqui material para tentar elucidar ainda um pouco mais o mistério dos vínculos que o ser humano mantém com a linguagem." Era isso, em suma, que a surpreendente Aimée, lendo para sua analista, talvez quisesse dizer.

Com sua aprovação, Nicole Anquetil foi até as últimas consequências em seu papel de intermediário, pois publicou esse testemunho perturbador, bruto, inalterado, simplesmente complementado com seu comentário teórico. Intitulado *Les Voix* (As Vozes), assinado pelas duas mulheres, foi publicado em julho de 2014, o que deixou Aimée muito feliz. Não desejava aparecer sob sua verdadeira identidade, então lhe foi sugerido que encontrasse um pseudônimo, e ela escolheu "Aimée", seu segundo nome, deixando sua analista estupefata. Pois "Aimée" é também o nome que Jacques Lacan deu, em sua tese de doutorado em medicina sobre a psicose paranoica, à sua paciente Marguerite Anzieu. Com o célebre "caso Aimée", Lacan inaugura, em 1932, a intrusão magistral da psicanálise na psiquiatria institucional. A Aimée de hoje ignora tal fato. Mas é um pouco como se, 24 anos mais tarde, por acaso, mas um acaso de uma inacreditável malícia, essa mulher de linguagem fragmentada tivesse piscado o olho para aquele que foi o primeiro a comparar o exercício da psicanálise ao da linguística.

Um Cavalo Para Dois

Michael Larivière
& Paul

Quando Paul entra pela primeira vez no consultório de Michael Larivière, tem 23 anos. Já fez com outro terapeuta dois anos de análise que não o aliviaram em nada. Está muito mal. Foi uma criança indomável, em constante fracasso escolar; agora, é um homem perdido, que bebe em quantidades inquietantes, droga-se, arruma inúmeras brigas na rua, e, desprezando o perigo, sobe em guindastes, fachadas, andaimes da cidade. Sua vida está por um fio, uma queda, uma overdose, e será o fim de Paul e seus 23 anos.

Michael Larivière é dez anos mais velho que seu jovem paciente. É de origem americana, abriu seu consultório em Estrasburgo há sete anos e, já nessa época, atende seus pacientes, e ainda o faz, com um grande cão sentado a seus pés. No instante em que Paul se senta pela primeira vez à sua frente, o que chama sua atenção é sua incrível presença. Olhos magníficos, um corpo esguio, esbelto, o jovem parece não ter nenhum cuidado com sua aparência, mas seu carisma e sua graça impressionam o psicanalista. E com uma voz suave, Paul começa a falar. Conta sobre suas insônias, as bebedeiras, a infelicidade que sente há muito tempo. Mas também diz outras coisas. Paul praticou artes marciais e muito rapidamente superou seus professores. Paul fez aulas de dança e se mostrou tão talentoso que quiseram, em outros tempos, torná-lo uma estrela. Paul salta sobre o adro da catedral de Estrasburgo, salta melhor que qualquer um, e quando ele se joga, a multidão fica imediatamente petrificada. Na escola, não cessa de repetir de ano, de ser despachado de uma instituição para outra, mas entre as notas zero obtém também às vezes notas excelentes, executa deveres brilhantes, redações que superam mil vezes as de seus colegas, ele é um enigma para os professores. Na realidade, tem talento para tudo e se sabota, sistematicamente. Ao ouvi-lo, Michel Larivière pensa na obra da psicanalista Alice Miller, *Le Drame de l'enfant doué* (O Drama da Criança Bem-Dotada). "Como você lida com essa beleza, esse talento?", pergunta a ele.

Ao final do primeiro encontro, o enquadre está estabelecido. Duas sessões semanais, pensa Larivière, não serão suficientes, deverão ser mais frequentes, o mais próximo possível uma da outra, serão acordados os valores. Quando Paul, que às vezes viaja, está em Estrasburgo, vem todos os dias. Uma sessão diária é evidentemente uma imposição para o psicanalista, um verdadeiro transtorno em uma agenda já sobrecarregada. Paul ocupa, imediatamente, muito espaço. Porém, como consta em retrospectiva, hoje o próprio Larivière, o *psi*, está "cativado". Entende-se aqui que ele perde um pouco de seus "modos" analíticos, passa por cima, ainda que involuntariamente, das convenções mais elementares da psicanálise, mas não consegue, sem ter uma explicação para isso no momento, agir nem falar de outra maneira, tal a empatia e o afeto que Paul lhe inspira.

Nos primeiros meses de análise, como ocorre em alguns casos, a situação agrava-se. O jovem bebe cada vez mais, procura constantemente o perigo, não dorme mais, fracassa em suas provas. E Larivière não pode deixar de lhe manifestar sua preocupação. Caso lhe aconteça uma desgraça, escuta a si mesmo dizer, sentiria tristeza e desolação, e ele sabe que, ao dizê-lo, evidentemente sai do enquadre. Paul e seu talento, Paul e sua desgraça o deslocam de sua posição, levam-no a transgredir a regra.

Michael Larivière fez ele próprio quinze anos de psicanálise, dos quais dez foram no divã de lacanianos, cujo silêncio sepulcral era quebrado apenas por frases curtas: "Está atrasado" ou "Ouvirão falar de você". Chegou a odiar esse dogma do mutismo, e tantas outras rigidezes habituais ridículas da psicanálise. Assim como Joyce McDougall, sua terceira analista, aceitou fazer com ele, responde às vezes à demanda do paciente, não fala sistematicamente com uso de enigmas, revela um pouco de sua "aposta", como ele mesmo diz, do que também está em jogo para ele, no encontro com o analisando. Mas conhece as regras, mantém uma reserva, nunca sai de seu papel. A não ser, pela primeira vez, com Paul.

Quando o jovem lhe conta sobre sua nova e devorante paixão por cavalos, ele fica surpreso. Junto com as artes marciais, essa é a segunda paixão que têm em comum. E quando Paul, retomando um pouco essa paixão, queixa-se um belo dia, em sessão, de não ter temporariamente uma montaria, Larivière faz algo inacreditável: empresta-lhe o próprio cavalo. Jamais irão se encontrar fora do consultório, pois Paul sabe como ir até o estábulo, mas, durante algumas semanas, paciente e psicanalista irão compartilhar da mesma montaria... Seja como efeito da transgressão, seja porque seu terapeuta, literalmente, o fez pôr o pé no estribo, Paul começa a melhorar. No divã, dia após dia, vai se acalmando. Fora dali, para de se colocar em perigo, decide tornar-se veterinário, e revela-se na equitação, assim como em todo o resto, incrivelmente talentoso: cogitam colocá-lo para competir. Paul retoma a vida. E Michael Larivière respira.

Não é difícil, vendo hoje o psicanalista, imaginar o jovem que foi em outros tempos... aos 65 anos, tem um corpo imenso e ainda esbelto, uma estatura imponente, um rosto longo barbeado, bem proporcional. Pode-se dizer que é bonito, que sua presença física, no mínimo, é pouco comum. Fala cinco línguas, foi, reconhece humildemente, uma criança talentosa, infeliz pelos efeitos que sua inteligência tinha no mundo adulto, em seu pai, que ficava visivelmente assustado. Foi capaz, durante seus estudos, do pior e do melhor, um dia despertando uma enorme admiração de seus professores e, no dia seguinte, levando-os, surpresos, a fazer comentários sarcásticos. Essa distância preocupante que provocam a beleza, o talento, os círculos que se formavam em torno dele de adultos fascinados pela inteligência, pela vivacidade da criança diferente que era, o desejo irreprimível de fugir ou de se sabotar, em parte, o levaram ao divã. E quando Paul, anos mais tarde, entrou em seu consultório, o efeito espelho foi brutal. A estranha profissão de psicanalista consiste em se deixar capturar, dia após dia, por algum outro, a assumir, sem resistência, os papéis que os pacientes, via transferência, o farão desempenhar involuntariamente. Porém, quando o paciente se assemelha ao analista, quando o remete a uma parte da própria história, o desejo de entrar na história dele torna-se imenso. A empatia natural, irrefletida, que Michael Larivière demonstra em relação a Paul, é disso que se trata. É claro que, naquela época, ele se questiona. Abre-se com seus colegas: deveria se afastar? Deveria encaminhar seu jovem paciente para outro analista? Mas Paul, é inegável, está melhor. Parou completamente de beber, deixou de fazer as escaladas de alto risco, vive agora na Alemanha, onde seus estudos de veterinária estão se encaminhando bem. A análise continua, mas as sessões são um pouco menos frequentes. Até o dia sombrio em que Michael Larivière recebe um telefonema dos pais de Paul.

Na faculdade em que Paul está matriculado existe à época uma tradição de trote bárbara, que persiste há anos, com a bênção da direção, apesar das vítimas que já fez. Uma das provas consiste em beber litros de cerveja com mangueira. Vão-se barris inteiros, os calouros vomitam, é claro, mas logo recomeçam até que o nível de álcool no sangue atinge o ponto em que os jovens calouros cambaleiam, desmaiam, alguns entram em coma alcoólico. O belo Paul que não bebe mais, o belo Paul que está melhor, deve fazer como os outros. Como os outros está bêbado, inconsciente de seus gestos. Ele sobe em uma viga em um canteiro de obras da universidade, sempre gostou de escaladas, acredita que pode chegar, em equilíbrio sobre o vazio, à construção que vê em frente. E cai.

Paul morreu pouco depois da queda e o analista foi ao seu enterro. A igreja, ele recorda, estava repleta. Anos mais tarde, quando lhe pedi que escolhesse um paciente, sem muito hesitar, foi dele que decidiu falar. Paul deixou a lembrança de um jovem radiante e, principalmente, de um luto pouco comum de ser vivido por um analista: tristeza, sentimento de um imenso desperdício. Para além desse drama, todavia, Michael Larivière pensa que os pacientes dos quais os analistas se lembram são aqueles que os atordoam, que os fazem sair dos trilhos e entrar na sua história. São poucos, ele acredita, em uma vida de psicanalista. Paul, que tanto se parecia com ele, foi, para ele, o primeiro deles.

Os Olhos do Outro

Gérard Bonnet
& Didier

Didier apresenta-se escoltado por dois enfermeiros que irão aguardar, durante a primeira sessão, do outro lado da porta. Anda mancando e, quando fala, um tique, um ricto assustador, às vezes lhe deforma o rosto. Didier causa medo à equipe do hospital psiquiátrico onde está internado compulsoriamente há dez longos anos, e onde não recebe verdadeiramente nenhum tratamento. Aos peritos que o consideram um "perverso perigoso" e se recusam em deixá-lo sair. E a Gérard Bonnet, o psicanalista que, naquele dia, aceita recebê-lo. Nesse período, Bonnet conduz algumas análises em consultório particular, mas atua essencialmente em instituição, em um dispensário do sul parisiense. Tem experiência com pacientes imprevisíveis, psicóticos às vezes perigosos, sempre encaminhados para ele pelo hospital. Mas Didier, o homem que ele hesitou muito em atender e que vai se sentar à sua frente, Didier é um assassino.

Aos dezessete anos, matou sem motivos. Certa tarde, sozinho em sua casa, pegou repentinamente uma faca, entrou na casa de sua velha vizinha e a apunhalou, diversas vezes, no abdômen. Incapaz de dar a menor explicação, foi julgado irresponsável, e vegeta, sem medicação, sem saída, no hospital de periferia onde corre o risco de acabar seus dias. Junto dos peritos, fabula, tergiversa, evoca esse assassinato selvagem apenas como uma sequência irreal, da qual diz não se lembrar. E com os cuidadores que conhecem seu passado, causa desconforto, angústia, provocados por esse crime sem explicação. No entanto, é ele quem, estranhamente, após dez anos de internação, pede para consultar um psicanalista. E o motivo do pedido é no mínimo surpreendente.

No hospital, se causa medo à equipe, em contrapartida, é, entre os pacientes, segundo suas palavras, como um "galo em um galinheiro": esse grandalhão que ainda não tem trinta anos leva, no serviço misto em que está colocado, uma vida amorosa e sexual intensa. Ora, além da dificuldade de viver suas diversões no interior da própria instituição, sofre às vezes de impotência e queixa-se aos médicos: "Parece que são os psicanalistas que cuidam disso, gostaria de consultar algum."

Seria possível atender a tal pedido? Mobilizar um veículo, enfermeiros, um analista, todos remunerados pela comunidade, porque esse homem, que matou sem nunca assumir os seus atos, gostaria de ter uma vida sexual prazerosa? Desde que foi internado, a instituição psiquiátrica se reduz para Didier, que nunca mais teve acesso de violência e não apresenta nenhum verdadeiro sintoma, a um simples serviço de vigilância. Aos olhos da médica-chefe, esse pedido deslocado abre talvez um caminho a ser explorado, portanto, ela dá seu aval. Cabe ao analista do dispensário decidir se aceita ou não atender esse paciente fora das normas.

Para Gérard Bonnet, o risco não consiste apenas em ficar sozinho com um homem que, certo dia, ficou fora de si. Consiste também em escutar, com a "neutralidade benevolente", como convém a um analista, e aceitar também que emerja uma eventual transferência, um homem cuja passagem ao ato fez uma vítima bem real. Se ele concorda inicialmente em encontrá-lo, é porque o diagnóstico feito pelos peritos o surpreende. Após um doutorado em filosofia, Gérard Bonnet fez uma tese em psicanálise, com Jean Laplanche, sobre a perversão. Ora, o que lhe relatam sobre Didier não lhe parece ter qualquer semelhança com o perfil de um "perverso perigoso". E fica estimulado, ousa dizer hoje, por uma imensa curiosidade intelectual. Que mundo fantasmático pode conduzir esse jovem ao crime? Ele irá um dia verdadeiramente evocá-lo, para além desse pedido de análise em forma de provocação? Ele irá ser capaz de somente falar, de contar sobre si mesmo?

Quando Didier atravessa pela primeira vez a soleira de seu pequeno consultório, Gérard Bonnet ignora que a história de tal paciente, desse dia em diante, nunca mais o deixará; que lhe dedicará diversos artigos, um livro *Le Remords, psycanalyse d'un meurtrier* (O Remorso, Psicanálise de um Assassino), que não cessará, mais tarde, de revisitá-la, teorizá-la e aprofundá-la como uma obra a ser desenvolvida de forma interminável. No momento em que Didier aparece "enfiado" entre seus dois enfermeiros, começa para Gérard Bonnet aquilo que ele mesmo denomina "análise sem fim", que permanecerá bem depois da partida do paciente e continuará a habitá-lo até hoje, mais de trinta anos depois.

O jovem, para sua enorme surpresa, fala de muito bom grado. Sofre com o tique horroroso que às vezes lhe devora o rosto, mas fala de si livremente e sem agressividade, associa rapidamente, revela uma grande riqueza interior e admite sem dificuldade as imposições do trabalho que se inicia: o tempo limitado das sessões, meia hora, três quartos de hora, sua frequência incontornável e o silêncio relativo do psicanalista. O crime do qual Gérard Bonnet evita falar, o verdadeiro motivo, supõe-se, do pedido de análise, o próprio Didier evoca, com meias palavras, a partir do quarto encontro. "Você sabe porque estou aqui", ele diz... E seis semanas após o primeiro encontro, relata um sonho que convence Bonnet que um trabalho analítico está se iniciando. Será o primeiro de uma longa sequência de sonhos – pois o paciente sonhará abundantemente durante toda a análise – e é fascinante.

Na realidade, a mãe de Didier está hospitalizada, e os peritos proibiram as visitas do filho internado, fato que o deixa muito amargurado. E eis que sonha com sua progenitora: ela está deitada em sua cama hospitalar, em seguida, uma parte dela se descola, se afasta, se replica em uma segunda silhueta completamente idêntica. Ei-la no pátio, ei-la em sua cama, sua mãe tão amada é agora dupla e os dois rostos maternos, que pavor, miram Didier.

Incrível sonho inaugural de dissociação, a partir do qual o tratamento começa verdadeiramente, uma análise que comportará, como todas as outras, sua face de tédio e tempos mortos, suas resplandecências e suas repetições. Durante cinco anos, duas vezes por semana, inicialmente acompanhado de dois enfermeiros, depois sozinho com a autorização dos peritos, Didier vem desenrolar o fio da meada de sua vida. E o faz cabisbaixo, na desordem, sem mensurar o alcance de seus sonhos e a coerência daquilo que conta, e Gérard Bonnet, incansavelmente, escreve. Não em sessão, pois o paciente, a quem jamais irá propor o divã, fica de frente para ele. Entretanto, assim que Didier deixa o dispensário, à noite, no consultório situado no 12º distrito que ocupa até hoje, ele se isola durante horas, e reconstitui, interpreta, teoriza. Jamais outro paciente havia requisitado dele tanto trabalho e tanta energia. Mas para que essa aventura arriscada tenha algum sentido, para não se deixar armadilhar, manipular, Gérard Bonnet está convencido de que não deve ter em mente nem a cura do paciente, nem mesmo o destino dramático de sua vítima. Deve retirar dessa experiência um saber, deve responder, no plano teórico, às indagações colocadas por esse tratamento singular. E principalmente a esta: a análise pode revelar o que leva um indivíduo ao assassinato? No caso de Didier, parece que sim.

Inicialmente ignorada, uma personagem, lentamente, aparece ao longo das sessões. A avó paterna de Didier, que ele nunca conheceu e que descobre afinal, ao falar sobre ela, segundo o que lhe contaram, seu lugar na narrativa familiar. Ela é italiana, perdeu seu marido muito jovem, e é seu filho mais velho, o pai de Didier, que se encontra investido, desde cedo, de um papel muito importante junto de sua mãe viúva. Tornando-se um rapaz, apaixona-se por uma francesa, deseja se casar com ela, ao que sua genitora se opõe veementemente. O conflito entre mãe e filho é tal, o psicodrama tão grave, que o pai de Didier rompe definitivamente os laços, deixa o país, chega mesmo a trocar de nome. O casamento acontece, onze crianças nascerão na França, e nesse lar nascido da ruptura, do exílio, o pai proíbe formalmente que se fale italiano: a mãe, assim como a língua e a pátria que herdou dela, não existem mais para ele. No entanto, ela ocupa um lugar, invasivo e mortífero, no inconsciente de seu décimo filho. Passados muitos anos, quando Didier assassinou a infeliz vizinha, ele relatará a visão que precedeu seu gesto selvagem: pela sua janela, a velha senhora o observava, e tal olhar lhe foi insuportável, como se, através do tempo e do espaço, a ancestral que ele não conheceu o olhasse pelos olhos de outra. Aliás, no dia do crime, o pai queria ser denunciado no lugar do filho, como se percebesse que o crime tivesse algo a ver, literalmente, com essa mãe banida, essa mulher que ele acreditou ter feito desaparecer, mas que tinha conseguido manter seu lugar, sem que ninguém o soubesse, na mente doentia de Didier.

Existe na vida de Gérard Bonnet um drama, cujo alcance só entendeu na ocasião da própria análise, e ao qual a história de Didier irá trazer, anos mais tarde, um ressoar misterioso. Bonnet é o terceiro de três irmãos, sendo que o mais velho faleceu, recém--nascido, de morte súbita. Ele foi "substituído" por outra criança concebida logo após sua morte e à qual foi dado o mesmo nome; três anos depois, nasceu Gérard. Com nove anos, o irmão faleceu em um acidente, e Gérard, por consequência, viu-se, dentre os três meninos, como o único filho vivo desses infelizes pais. Essa triste história amplamente narrada e trabalhada no divã, tempos atrás, explica por que o psicanalista, ouvindo seu paciente, escuta com atenção o relato de um episódio do qual ele mesmo já dimensionou a sombra sobre sua vida. Didier é o décimo de uma família que, de início, parte de onze irmãos. Um irmão mais velho faleceu, e seus pais, pouco tempo após sua morte, adotaram outra criança em "substituição". Acometido em sua primeira infância de uma doença que teve como uma das sequelas a perna que manca, e cuja origem os médicos nunca souberam identificar, Didier esteve, ainda pequeno, hospitalizado com frequência. E sua mãe dedicou seus cuidados a esse menininho doente muito mais que a qualquer outro filho. Ela o acompanhou, mimou, protegeu, era, ele diz, seu "favorito". Ela foi para ele uma ótima mãe. Mas é também uma mãe muito má: uma mãe que "substitui", como, no passado, a de Gérard Bonnet, seus filhos perdidos. Aí está o nó, que o psicanalista reconhece pelo fato de já tê-lo desfeito tempos atrás. Aí está o terror de Didier. Existe nas mães, na de seu pai e na sua, uma ambivalência que ele não pode suportar, daí o sonho de dissociação. Existem dois rostos na maternidade tal como Didier a vivencia a atravessar sua história. Mãe amada depois banida, de quem seu pai falou tão pouco, e que seu gesto assassino tenta fazer desaparecer ao mesmo tempo que tenta lhe devolver seu lugar, enfim, na narrativa familiar. Mãe amorosa e aterrorizante, a sua, capaz de dar tudo à sua prole e capaz também de substitui-la, uma criança perdida, uma criança adotada, como se as progenitoras tivessem o poder de vida e de morte sobre os seres que carregaram. Com que direito? Foi no ventre da vítima, é bom lembrar, que Didier desferiu seus golpes...

Gérard Bonnet nunca informa os peritos sobre os avanços do tratamento. As palavras de seu paciente e o que revelam de suas motivações inconscientes não devem de forma alguma ser utilizadas para avaliar sua periculosidade. O fato, contudo, é que, ao longo da análise, Didier se mostra mudado e os psiquiatras encarregados de examiná-lo observam isso. Ele se comporta de modo mais tranquilo, não joga mais com o medo que provoca, não mente mais para os médicos. Pouco a pouco, lentamente, as condições da internação vão se tornar mais flexíveis, vão deixar Didier sair de tempos em tempos, ir às consultas com seu psicanalista sem escolta, ver sua família, aprender uma profissão. Talvez, depois de quinze, vinte anos de internação, poderia se vislumbrar outra vida fora da instituição. A análise revelou aquilo que, em sua história familiar, o havia feito perder a razão e o havia impulsionado a essa dramática passagem ao ato. Porém, para que ela seja verdadeiramente fecunda, para que nunca mais esse homem deixe de ter controle sobre si mesmo, é preciso, Gérard Bonnet tem certeza disso, que Didier admita que não é um instrumento inocente de um destino que o desorienta, mas que, sim, é o autor do crime. É necessário então que ele o narre. Esse relato, o analista espera ao mesmo tempo que teme durante todos esses anos. Ele já pode reconstituir por fragmentos, um sonho, uma sessão após a outra, mas é preciso que o faça integralmente, em detalhe e dito na primeira pessoa. Ele está mais ou menos preparado para ouvi-lo, e um dia, eis que ele surge.

O que Didier nunca descreveu, nem aos policiais, nem aos juízes, muito menos aos peritos, essa cena de assassinato que ocorreu sem testemunha, como paciente, ele, enfim, a revela. Para o psicanalista é uma prova de fogo. Depois de Didier, terá outros pacientes criminosos, ouvirá relatos de assassinatos ainda mais aterrorizantes, e saberá, já que o tratamento de Didier lhe ensinou, que as reconstituições são indispensáveis. Mas esse é o primeiro que ele escuta, é o primeiro a balançar tão violentamente sua função de analista. Pode-se ouvir, sem dizer uma palavra, a descrição de um assassinato? Pode-se manter a neutralidade de analista, pontuar com "hum-hum" insignificante um relato que o choca em sua humanidade? Trinta anos depois, sentado no consultório onde na mesma noite anotou esse relato, Gérard Bonnet evoca tal sessão iniciática como se tivesse ocorrido na véspera. No pequeno consultório do dispensário, nas palavras de Didier, ele teve, trinta anos atrás, que se desdobrar. Ser um homem que escuta outro homem, que o deixa ir, sem julgá-lo, até o fim de sua fala, que o deixa ser de verdade. Encarnar também a vítima, pois é impossível, ele diz, ouvir tal relato sem se identificar realmente, de modo irresistível, com o assassinado. Encarnar enfim, a moral, a de um homem socialmente integrado que não pode ouvir a descrição de um crime sem reprová-lo. A sessão o deixara exangue.

Didier, ao final desses anos de análise, tornou-se inofensivo aos olhos dos peritos e deixou o hospital psiquiátrico. Gérard Bonnet nunca mais ouviu falar dele. Com ele, ousa dizer que, via transferência, humanamente "compactuou" com essa passagem ao ato. E que vislumbrou essa parte sombria enigmática e, acredita, universal, que pode levar um homem a matar um semelhante.

O Avião Errado

Eva-Marie Golder
& Benjamin e seus pais

Eva-Marie Golder sentiu a necessidade de retomar contato com Benjamin, seus pais e irmãos e irmã antes de me falar deles. Mais de dez anos após a última essão, pelas demandas deste livro, eles se reencontraram. Primeiro encontraram-se no consultório parisiense da senhora Golder, e algumas semanas mais tarde, foi ela que, por sua vez, foi ao encontro deles, voltando à pequena cidade do leste onde clinicava na época em que se conheceram. Foi recebida na casa de senhor e senhora C., essa casa que ela tinha representado sem conhecê-la durante todo o tempo da terapia e que correspondia, sob todos os pontos, ao que havia imaginado.

Na linda residência de madeira, perdida em plena natureza, reinava, de fato, a ternura e o calor característicos da família C., qualidades que, desde o início, tinham tanto impressionado a psicanalista. Em torno da refeição compartilhada, vendo-se como nunca haviam se visto, ou seja, fora do consultório da analista, como velhos amigos, avaliaram o quanto seu encontro, 25 anos atrás, havia marcado suas respectivas existências. E o quanto, ainda hoje, permanece assim.

Senhor e senhora C. vão até Eva-Marie Golder em um dia de 1991, acompanhados de seu filho de oito anos. A criança se mostra reservada, quase muda, durante a entrevista, então seus pais falam por ela. Dizem que Benjamin é o terceiro de uma família de quatro irmãos, e que seus modos, suas palavras, suas brincadeiras estão sempre em completo desacordo em relação aos de seus irmãos e irmã: ele os perturba. Contam sobre suas grandes dificuldades de aprendizagem e da impaciência que seu comportamento provoca nos professores. Explicam que recentemente descobriram, apavorados, no corpo de Benjamin que tomava banho, queimaduras de terceiro grau, das quais a criança não tinha se queixado. O menininho havia se machucado ao encostar na churrasqueira e não tinha dito nada.

Senhor e senhora C. seguiram o percurso clássico e exaustivo dos pais de crianças "diferentes", visitaram uma legião de especialistas e sofreram, como tantos outros, um terrível sentimento de culpa. Na época era, ainda, tão clássico e tão cômodo diante do impenetrável autismo, fazer recair o peso de uma suposta culpa sobre os pais, sobre a mãe, em particular. Um terapeuta ousou até mesmo sugerir que Benjamin se tornara essa criança talvez pelo fato de, ao contrário das duas crianças que o antecederam, não carregar um nome bretão... Parece cômico. Mas senhor e senhora C. não têm vontade de rir. Estão visivelmente no fim de suas forças, extenuados. E, no entanto, o que chama a atenção da psicanalista é a imensa benevolência com que tratam seu filhinho, apesar de tudo. Frequentemente os pais se queixam com todo direito, exigem, em razão de todo sofrimento, uma reeducação, um condicionamento imediato da criança. Mas estes pais não. Queixam-se da maneira pela qual os profissionais os tratam, mas não reclamam de seu filho. O que dizem, simplesmente, é que Benjamin é para eles e para seus irmãos e irmã que tanto o amam um enigma.

Eva-Marie Golder logo percebe que Benjamin sofre de uma forma de autismo. A insensibilidade à dor é um dos sinais clássicos. Contudo, colocar esse nome em seu problema, na realidade, não ajuda em nada. Assim como seus colegas psicanalistas, aliás, assim como os adeptos, hoje, de terapias comportamentais, Eva--Marie Golder não tem explicação para o mistério do autismo. Ela tem a honestidade de dizer que, desde o primeiro encontro, na época com 44 anos, concluindo uma tese de psicologia e exercendo a psicanálise havia quinze anos, Benjamin a faz confrontar-se brutalmente com a extensão de sua ignorância. Diante dessa família e de sua dor, o que ela aprendeu, o que ela acreditava saber, lhe escapa. Pensa apenas que é preciso fazer de tudo para manter a criança, quaisquer que sejam as dificuldades, no sistema escolar regular, e diz isso aos pais. Sobretudo, ela lhes diz: "Voltem, vamos tentar." Eva Marie-Golder pressente que essas pessoas iluminadas, corajosas, são capazes de entender que ela não tem a resposta, nem uma causa a atribuir, nem uma cura milagrosa para lhes propor, mas que ela lhes abre um espaço no qual serão ouvidos. É pouco. Mas é muito também. Pois, a partir desse dia, e se assim o desejarem, por muito tempo, não estarão mais sozinhos.

Uma vez por semana, senhor e senhora C., seu filho, às vezes alguns dos irmãos, percorrem, portanto, quilômetros saindo de sua casa no campo para encontrar Eva-Marie Golder. E isso durante anos. A psicanalista tem dificuldades hoje de descrever as sessões, de evocar o que lhe contam, então, sobre a vida cotidiana de Benjamin, as inúmeras sequências, às vezes dramáticas, em que a criança se encontra eternamente defasada, inserida no contratempo da vida dos outros, indecifrável para os seus. Ela supõe que seu esquecimento está relacionado com o fato de que no trabalho analítico não havia narrativa possível, nenhum relato com começo, meio e fim, e que é justamente essa ausência de relato que está no cerne, ela afirma, do que nomeia psicose autística. E para se fazer entender melhor, entrega-me um pequeno livro extraordinário.

Epepe, do romancista húngaro Ferenc Karinthy, conta a seguinte história. Um ilustre linguista, chamado Budai, vai a um congresso em Helsinque. Seu voo tem uma conexão, e é durante essa conexão que o catedrático, levado pelo fluxo de viajantes, sobe, sem perceber, no avião errado. Na aterrissagem, Budai se dá conta de que não está em Helsinque, mas sim em uma cidade que lhe é completamente desconhecida. Pois esse homem que fala perfeitamente cerca de vinte idiomas, domina os ideogramas, o sânscrito e o alfabeto cirílico, é incapaz de entender a língua que se fala ali. O que começou como um engano, se torna um pesadelo. Budai se deixou levar mais uma vez pela multidão para dentro de um ônibus, que o conduziu para longe do aeroporto; ele desejava voltar o quanto antes para lá, pegar outro voo e acabar logo com essa brincadeira. Entretanto, não voltará jamais.

Essa língua que não lhe evoca nenhuma outra, a impossibilidade em que se encontra de se fazer entender, fazem com que sua existência, bruscamente, caia no absurdo. Encontrar o que comer e beber, onde dormir, como se comportar, os atos mais simples da vida cotidiana se tornam eminentemente complexos, e assim como o comportamento desses estranhos, sem legendas, lhe parece ininteligível, o seu provoca constantes melodramas e suscita mal-estar. Budai parece um louco. Mas, na realidade, está apenas *lost in translation*.

É por meio desse pequeno livro que Eva-Marie Golder tenta me explicar com o que o autismo se parece. Benjamin, ninguém consegue dizer por que, pegou o avião errado, sente-se, entre nós, distante, em exílio em um país do qual, de certa maneira, não fala a língua. Daí seu comportamento que parece incoerente aos seus próximos, daí a dificuldade que ele mesmo tem de entender os outros, e daí a imensa angústia que decorre disso, tanto de uma parte quanto da outra. A partir de então, a criança obriga Eva-Marie Golder a conceber sua profissão de analista como nunca tinha feito antes, a inventar um papel para si: a de tradutora. Entre o menininho e seus pais, presos em mundos diferentes, ela vai tentar servir de guia, de intérprete. E esse papel lhe assenta como uma luva, pois passar de uma língua para outra, não é senão o que faz a psicanalista desde sua infância.

Eva-Marie Golder ainda se expressa com um leve e elegante sotaque. Cresceu na Suíça alemã e sendo sua língua materna o dialeto bernense foi necessário, ao entrar na escola primária, que aprendesse o alemão. Aos vinte anos, partiu para a França, o francês se tornou, por necessidade, sua língua adotiva, a de sua vida adulta, a língua na qual exerce a psicanálise. Desempenha a função de intérprete, sobretudo em congressos, e, certo dia, lhe acontece algo estranho. Em sua cabine de intérprete, indo do botão vermelho ao botão verde, cada um deles correspondendo a um microfone e, portanto, a um idioma, Eva-Marie Golder, repentinamente, não sabe mais em que língua está se expressando. Ela passa corretamente do alemão para o francês, ou inversamente; digamos que a tradução esteja correta, mas ela não sabe dizer, no momento X, qual das duas línguas está utilizando. Pois, na sessão, à medida que Benjamin e seus pais falam, parece que acontece, às vezes, algo dessa ordem. Ela está, assim como em sua pequena cabine de intérprete, além do discurso, aquém das línguas, no mesmo nível de pensamento, em uma forma de transferência em que se vê na função de ponte entre o casal e a criança. Não que ela seja capaz de traduzir, no sentido literal do termo, o discurso de Benjamin. Mas o que ela pode dizer é: "É aqui, de acordo com que estou entendendo, o lugar onde está seu filho." Pois trata-se, de certo modo, de topologia. Budai, incapaz de perguntar sobre seu trajeto, de traduzir o nome das ruas e os mapas de metrô, passa seu tempo a tentar desesperadamente se situar no espaço da cidade estrangeira para sair dela. E é esse o trabalho que Eva-Marie Golder tenta também fazer, situar Benjamin, situar seus pais, para que, de distância em distância, acabem se encontrando.

Nos dois primeiros anos, eles vêm toda semana. Depois as visitas se espaçam durante longos períodos de calmaria, e retornam quando Benjamin atravessa uma nova crise, quando novamente não se entende mais nada. A psicanalista diz que, em tais momentos, ela "desdobra" a situação, assim como se desdobra um mapa geográfico, e faz seu trabalho de leitora. É abstrato, peço que me dê um exemplo. Ela aceita dar apenas um, e é impactante. Benjamin tem então dezoito anos. Rodeado de amor e da benevolência constante de seus pais e de seus irmãos e irmã, eles próprios assistidos pela psicanalista, amparado pela rede próxima e incrivelmente solidária que se criou em torno dele, Benjamin nunca foi colocado em um hospital psiquiátrico. Na média, seguiu uma escolaridade clássica, tem uma vida normal, e isso é surpreendente. E o que ele gosta, mais que tudo, é de cuidar de pessoas idosas. Quer se profissionalizar e está prestando um concurso para assistente social. Na véspera do exame, é declarada a segunda Guerra do Golfo. Ele vê as primeiras imagens na televisão e algumas horas depois tenta pôr fim a seus dias. Seus pais o descobrem a tempo, no momento em que tenta se enforcar, a tragédia é evitada por pouco, mas emergem aterrorizados desse acontecimento. O que Benjamin quer dizer, como compreender essa vontade brusca de morrer que, no contexto de sua existência pacífica, não faz o menor sentido? Eva-Marie Golder traduz, desdobra o mapa: onde se encontra Benjamin quando comete este gesto? Em uma dimensão, a sua, onde nada é colocado em perspectiva, onde nada é relativizado, não tem perto, não tem longe, não tem literal, não tem simbólico. Se Benjamin falasse a mesma "língua" de seus pais, e não a do autismo, poderia relatar esses acontecimentos, portanto distingui-los e hierarquizá-los: faço meu exame amanhã, acontece que hoje uma guerra foi declarada a milhares de quilômetros daqui; é triste, mas uma coisa não tem nada a ver com a outra, o conflito não tem ligação direta com a minha vida. No entanto, Benjamin "engole" os dois acontecimentos ao mesmo tempo, como se lhes dissessem respeito da mesma forma, é sua maneira de perceber o mundo, como um bloco. E é insuportável. Como fazer um exame insignificante quando ao mesmo tempo uma guerra está em andamento? Esse gesto é sua resposta. Assim como Budai que, perdido em outra língua, não consegue apreender, organizar, pensar o lugar onde se encontra, e vivencia um imenso desespero, Benjamin, às vezes é tomado pelo absurdo das coisas. E, no fundo, ele sabe o que lhe falta, a possibilidade de produzir um relato, pois poder ler ou relatar o que nos rodeia é colocar ordem ali e conceber a si mesmo como sujeito, se distinguir do todo. Ele disse um dia à sua analista: gosta tanto das pessoas idosas porque elas sabem, mais que os mais jovens, contar histórias.

Benjamin tem agora 32 anos. Seus pais, seus irmãos e irmã aprenderam, graças a Eva-Marie Golder, a traduzi-lo incansavelmente. Eles sabem fazê-lo, hoje, sem sua ajuda, e dez anos depois, a psicanalista os encontra unidos em torno desse jovem que, se não se curou, leva, conduzido pelos seus, uma vida mais ou menos normal. Ela pensa que, quanto a ela própria, sem Benjamin e sua acolhedora família, sua vida de analista simplesmente não teria sido a mesma. Acredita, desde então, que entre outras abordagens, a análise tem um lugar legítimo junto de famílias afetadas pelo autismo, que pode lhes oferecer os meios para ler seu filho, para responder à sua desorganização. E tal caminho, foram Benjamin e seus pais que lhe mostraram. Por meio de seus escritos, e com outros pequenos pacientes, nunca mais deixou de explorá-lo. E de ajustar seu lugar de "tradutora", de intermediária. É, no fundo, um exercício de renúncia.

Quando Eva-Marie Golder retomou contato com a família C., perguntou a Benjamin se ele desejava, após todos esses anos, por que não, revê-la em uma sessão. Ele respondeu, demonstrando à psicanalista que, já sendo dispensável, no final das contas, ela teve algum sucesso: "Revê-la? Não obrigado, não é mais necessário."

Dois Homenzinhos
de Papel Machê

Sylviane Giampino
& Gretel

Gretel agendou uma consulta para uma menina de nove anos. Sylviane Giampino imaginou, portanto, ver chegar uma mãe com sua filha, mas é uma mulher de 63 anos que se apresenta, sozinha, à porta de seu consultório. O encontro delas começa com um mal-entendido.

Gretel explica com um forte sotaque que deseja falar de Violette, sua neta, que passa por um sofrimento incompreensível. Faz pouco tempo, a criança não consegue mais andar. Ela começou, há alguns meses, a sentir dores difusas, depois começou a mancar, a pular em uma perna só, e, desde então, Violette não consegue mais se manter em pé. É impossível, de tanta dor que sente, colocar um pé no chão. Evidentemente, foram feitos todos os exames de praxe, pensou-se em uma doença degenerativa, foi descartado o fantasma de uma questão neurológica. Violette, fisiologicamente, não tem nada. Acabou de dar entrada, para uma breve estadia, no serviço psiquiátrico de um grande hospital parisiense.

Gretel mantém uma relação difícil com a própria filha, mãe da criança. Sua filha e o esposo a mantêm violentamente afastada desse acontecimento. O casal insinua que ela é indesejável ao lado da neta, que, no fundo, sua presença é nociva, como se quisessem proteger a criança de algum misterioso perigo do qual ela seria a portadora. A velha senhora conseguiu, ainda assim, visitar Violette, e conversou com sua psiquiatra, que fala da situação da criança, que evoca os casos espetaculares de histeria outrora examinados por Charcot e que elucida que o caso, ao que tudo indica, é raríssimo. Gretel, muito angustiada, vem encontrar Sylviane Giampino na esperança de entender o que acontece com sua neta: ela é psicanalista, lida frequentemente com crianças, poderia ajudá-la a elucidar esta situação?

Eis a pergunta feita na ocasião desse encontro frente a frente, e que, portanto, não caracteriza uma demanda de análise. Sylviane Giampino tenta, no entanto, procurar saber mais sobre a tensão que existe com a mãe de Violette, e a velha senhora, então, descreve sua filha mais velha como uma mulher extremamente brilhante, uma química renomada, um pouco fria, muito organizada, a quem ama, mas ao mesmo tempo, teme. Ela usa, ao descrevê-la, esta expressão desconcertante: "Ela é de raça pura." Ela fala também, em um mesmo impulso, de sua mãe... Gretel nasceu durante a guerra, contaram-lhe que sua mãe havia fugido com ela, ainda bebê, e que ficaram escondidas, as duas, por alguns meses, no final do conflito. É isso. Desde o primeiro encontro, quatro gerações de mulheres são, então, convocadas para o consultório de Sylviane Giampino, entre as quais, a menina que não consegue mais andar. Diante de mim, muito tempo depois dessa visita inaugural, a psicanalista mergulha no pequeno dossiê que manteve durante o tratamento de Gretel e que contém nomes, datas, alguns detalhes significativos. Mas a consulta a esse dossiê é supérflua, já que Sylviane Giampino não esqueceu nada da surpreendente história que virá adiante.

Uma avó veio falar de sua neta, porém, a partir disso, a cada semana, é sua existência que ela revela. Sylviane Giampino se lembra ainda hoje do sotaque, impressionantemente forte, embora Gretel morasse em Paris desde os vinte anos. Ela recorda também a tristeza, a aflição de sua paciente. Gretel está frequentemente melancólica, oprimida pelo sofrimento de Violette e pela frieza demonstrada pela própria filha. Fala muito de seu pai, grande médico, figura muito admirada, que Gretel, assim como seus irmãos, amou muito. Prisioneiro em um campo russo, retornou ao lar apenas cinco anos após o fim da guerra; a velha senhora se recorda muito bem dos reencontros felizes. Ela fala de seu esposo, da maneira como educaram seus três filhos, uma menina e dois meninos, da profissão que exerceu, e, agora, de sua aposentadoria. Ela evoca também a mania que tem, desde sempre, de guardar papéis velhos. Todos os papéis. Calendários, boletins escolares, receitas médicas, faturas, desenhos, cartões-postais, cartas, documentos administrativos de todo tipo. Ela diz que faz camadas, pilhas que invadem o escritório, a sala, o sótão. Seu marido fica irritado com isso, não sabe mais onde colocá-los, seria necessário desfazer-se deles, mas Gretel não consegue jogar nenhum. "E se algum deles, que se pensava ser inútil, algum dia se revelasse indispensável?" Ela se justifica, citando misteriosamente uma frase que atribui a Goethe: "O papel é paciente."

Semanas, meses, perto de dois anos se passaram e Gretel, desde então, adquiriu o hábito de ir falar com sua psicanalista toda semana. Ela se apresenta vestida de maneira muito simples, mas sua aparência e sua graça natural impressionam Sylviane Giampino. As notícias de sua neta, infelizmente, não são boas. Toda a família parece reconhecer e quase se acomodar ao fato de que a criança não pode mais andar. Sua avó fica horrorizada com isso. Violette vai iniciar o sexto ano em cadeira de rodas, e o que causa espanto a Gretel é que ela não sente vergonha. É a palavra que volta, insistente, ao longo da sessão. Vergonha. Violette parece ostentar essa deficiência inexplicável, a qual se trata, na verdade, de uma humilhação, quase uma degradação. Por que sua avó é a única a vivenciar essa vergonha que pais, irmãos, irmãs, Violette, todos enfim, deveriam, ela crê, sentir?

Gretel fala também de sua nova paixão. Desde que inicia as visitas a Sylviane Giampino, aprende a confeccionar, com um enorme prazer, esculturas em papel machê. Realiza esculturas de todo tipo, torres, rostos ou personagens. Ela gosta de modelar, o contato com o papel que se deve molhar, amassar, dar uma forma; ela enche a casa com suas criações. Papel *mâché*[1]...? Existe, talvez, nos papéis que ela se obstina em guardar, algo que ela tenta engolir com dificuldade? Gretel sorri, sem entender, diante de tal sugestão. A partir de então, ela tem um sorriso um pouco mais fácil, as relações com sua filha melhoraram, sente-se muito mais calma.

1   "Mastigado" em francês. (N. da T.)

Nas últimas férias, até mesmo cuidou de seus netos, o que foi uma grande alegria, e ela relata, em sessão, uma cena inesquecível. Para amolecer o papel que utiliza para realizar suas esculturas, a velha senhora instalou uma grande bacia cheia de água na sala de jantar. Ela pede a Violette que a ajude, aproxima a poltrona da menina, tira seus sapatos, massageia e mergulha seus pés. A criança e sua avó amassam o papel rindo, se molhando com os respingos, e, descrevendo esses momentos, Gretel se rejubila com uma alegria contagiante. Sylviane Giampino recorda-se de ter rido. Naquele dia, as duas mulheres, paciente e psicanalista, compartilham da alegria desse quadro tão lindo, do qual percebem juntas toda a força simbólica. A água, a bacia, o papel que se esmaga como se esmagariam uvas... Se apenas o vinho, o sangue, a seiva, a vida pudessem retornar a correr pelas pernas de Violette. Elas não estão mais muito longe da verdade.

Evocando o vinho, o sangue, Gretel se recorda de sua primeira menstruação e, pulando de um assunto para outro, acaba por falar da profissão de seu pai, ginecologista. Diz, também, retornando às suas esculturas, que os papéis que servem para modelar se juntam a seus outros papéis, e que, definitivamente, as gavetas transbordam, as pilhas lotam o chão e as mesas. É sufocante, é óbvio, e então a psicanalista pergunta: qual é o documento que Gretel se nega a correr o risco de ver desaparecer?

Então, uma cena surpreendente lhe retorna brutalmente. Teria sonhado, imaginado, assistido? Gretel vê seu pai vasculhar a casa da família, revirar cada um dos cômodos com um louco, esvaziar as gavetas, correr de um andar a outro; efetivamente, tinha perdido um papel de importância crucial... Ela quer saber mais sobre isso, vai e volta da Alemanha várias vezes, onde sua mãe muito idosa ainda reside, tenta entender de onde vem essa lembrança, mas não obtém resposta e mergulha então em profunda desolação. "Não tenho mais forças", ela diz à sua psicanalista. Apenas na quarta viagem é que a mãe reconhece, enfim, que houve, algum dia, um papel perdido.

Ao final dos anos 1940, em plena desnazificação, o documento atestava que o pai de Gretel não era um nazista, e ele o perdeu. Ele nunca mais achou esse papel de tão extrema importância? Não. E ela, sua mãe, nunca pôde ver o papel com os próprios olhos? Também não.

A partir de então, contra a opinião de sua mãe e de seus irmãos e irmãs, mas encorajada por seu esposo, Gretel dá início a pesquisas, percorre as associações e as bibliotecas, consulta documentos históricos. E descobre, enfim, o verdadeiro objeto de sua vergonha. Seu pai, o homem que ela tanto amou, o médico tão admirado, essa figura tão importante de sua existência, era um nazista. Teria até mesmo participado de experimentos médicos, trabalhando como ginecologista, para a ascensão de uma suposta "raça pura". Nem a mãe de Gretel, nem seus primos, nem nenhum de seus irmãos, com exceção de um, querem saber disso. Eles a ridicularizam, a criticam por vasculhar inutilmente o passado, e Sylviane Giampino fala hoje da imensa admiração que tem pela tenacidade de sua paciente. Descobrir-se, em tal idade, herdeira de história tão vergonhosa e manter-se firme, apesar de tudo. Gretel lhe dirá um dia, em sessão: "Se é necessário que eu derrube a estátua de meu pai para que Violette ande, então, como poderia desistir?"

Pois é exatamente disso de que se trata. Violette, que, no entanto, nada sabe do trabalho que sua avó realizou sobre ela mesma e sobre seu passado, Violette, a quem Gretel evita revelar seu segredo, Violette iniciará o sétimo ano em pé, logo após essa terrível descoberta... E é isso que Gretel, feliz, anuncia, enfim, à sua psicanalista, certa de ter libertado sua neta. É evidente que nada autoriza reduzir a cura da criança exclusivamente ao tratamento de sua avó. E pode-se ficar, com razão, perturbado pelo que este relato sugere. Como se o trabalho analítico exercesse um poder milagroso, como se a palavra dita ao psicanalista fosse, indiretamente, performática: levante-se e ande. Mas Gretel, que sabe o quanto a deficiência e o posterior restabelecimento de sua neta permaneceram até o final um enigma para seus médicos e seus pais, não viu ali nenhum milagre, nenhum feitiço misterioso. Simplesmente, em uma família em que a verdade nunca tinha sido enfrentada, Violette carregava, pelos outros, o peso do silêncio. Como se, mistério do inconsciente compartilhado, a vergonha nunca experimentada pelos seus lhe tivesse sido, sem seu conhecimento, transmitida na própria carne, a ponto de não poder mais caminhar.

Gretel atravessou uma crise existencial importante, se indispôs com sua velha mãe, seus irmãos e irmãs, chorou muito, depois melhorou. Ela nada disse aos seus descendentes, mas constituiu, esperando que a questionassem, um dossiê com todas as provas, os documentos, que pesam sobre seu ancestral. Ela tentou provocar perguntas em seus filhos, atiçar sua curiosidade, mas até o dia em que Gretel despediu-se de sua psicanalista, nenhum deles, ainda, havia procurado saber a verdade. Inclusive a filha "de raça pura" que, no entanto, tinha sem dúvida pressentido, mantendo sua mãe, de onde vinha a desgraça, afastada da neta.

Gretel fez seu trabalho e sabe que eles, um dia, irão conhecê-lo. Para ela, a vergonha está esquecida. E, para Violette, o caminho está livre. Entre a psicanalista e sua corajosa paciente, durante quatro anos, houve a preocupação compartilhada com relação a essa menina, a convicção de que elas talvez tivessem o que fazer, as duas juntas, para aliviar Violette de um fardo que não era seu. E Sylviane Giampino jamais esquecerá o sorriso de Gretel em sua última sessão. No cafarnaum de objetos alegres que enfeitam sua sala de espera, existe, em cima de uma prateleira, o presente que sua paciente lhe ofereceu, ao dizer adeus: dois homenzinhos em papel machê.

Uma Criança Sobre a Viga

Roland Gori
& Allan

O quadro ficou pendurado durante muito tempo, com outros, acima do divã. Agora, está armazenado em algum lugar no imenso apartamento de Roland Gori, que, nesse dia, põe-se a procurá-lo, levantando caixas de papel, deslocando móveis para, finalmente, encontrá-lo escondido em pé atrás de uma poltrona. Um quadro estranho, de cores muito vivas, que representa o psicanalista. Foi Allan quem o pintou e dedicou a ele, anos atrás.

Nessa época, Roland Gori atendia seus pacientes na rua Paradis; hoje, atende na rua Sylvabelle, uma das mais longas e antigas de Marselha. Seu consultório, que fica no meio do apartamento, é um lugar maravilhoso: pé-direito alto, paredes cobertas de livros, uma mesa comprida, um belo divã de cor escura. As persianas estão fechadas. Na penumbra, para evocar Allan, estamos sentados um em frente ao outro, exatamente como ficaram os dois, durante dez anos, duas vezes por semana. Allan que nunca quis se deitar. Allan que, desde as primeiras sessões, tanto o desestabilizou.

É preciso imaginá-los, face a face, durante todos esses anos. Um deles, Gori, filho de um imigrante italiano comunista, pequena silhueta curvada sobre si mesma, olhar grave, inteligente, sotaque marselhês adquirido no bairro popular de Belle-de-Mai e domado a duras penas durante os anos de estudo. O outro, Allan, grande e belo homem, poliglota, filho de um americano e de uma alemã muito rica, uma mãe que o sustenta, ainda que tenha trinta anos, e o obriga, em troca da mesada, a levar a vida que ela sozinha criou para ele.

O que Allan quer é se curar da frustração, da melancolia que o oprime, que o leva a esbarrar nos móveis de seu apartamento, a quebrá-los, a bater a própria cabeça contra a parede, e às vezes ter vontade de acabar com tudo isso. No entanto, sabe fazer mil coisas com suas mãos, pintar, esculpir, ele mesmo construiu sua casa, fala cinco línguas, acaba de obter o doutorado em literatura, que sua mãe exigia dele, é talentoso, mas sua vida não lhe pertence. E essa existência da qual ele se sente espoliado, ele quer que o homenzinho sentado à sua frente lhe devolva.

Na época, Gori pratica a psicanálise com uma rigidez, ele conta hoje rindo, de "funcionário". Os dias dos encontros são inamovíveis, as sessões em que se falta, aconteça o que acontecer, são devidas, ele se agarra ao enquadre estrito, a um rigor um pouco obsessivo como é fato entre tantos analistas de sua geração. Entretanto, esse paciente vai colocar em xeque, definitivamente, seu pequeno sistema. Pois Allan, desde as primeiras sessões, está descontente com seu analista. De seu silêncio, que ele qualifica como indiferença: "Você me deixa no vazio." De suas intervenções, quando Gori arrisca uma interpretação, que ele, sistematicamente, julga abusiva: "Você me desapossa de minha história." Principalmente, da mania que o analista tem de querer ouvir outra coisa que o senso estrito das palavras que seu paciente emprega. Ora, Allan é formal, não tem em suas palavras nenhum enigma, nenhum sentido escondido; às vezes faz traduções, considera que cada palavra é traduzível pelo seu exato equivalente em outra língua, que, em suas palavras, não há nenhuma manifestação inconsciente, e está fora de questão que Gori perceba outro significado que não aquele específico que ele deseja dar a elas.

Está também fora de questão que ele o prive do tempo que lhe é devido. As sessões duram três quartos de hora, e se o psicanalista leva alguns segundos a mais para conduzir o paciente que o antecede à porta, ou se demora um pouco para vir buscar Allan na sala de espera, então este se sente espoliado e reclama o que Gori lhe deve. Ousa até mesmo interpelar seu psicanalista e comparä-lo, é engraçado, a um parquímetro: "Em troca de meu dinheiro, você me deve esse tempo. Nem mais, nem menos."

Reduzido a um simples utensílio, e ainda mais, inútil, Roland Gori fica impedido, frustrado, permanentemente em alerta. Não somente Allan o priva de seu papel, mas com ele, qualquer poesia, qualquer equívoco, desaparecem do exercício analítico. Até mesmo os sonhos de Allan são intocáveis, esvaziados de seu sentido. Traz alguns, de vez em quando, e Gori tenta então ir mais longe, fazê-lo contar os detalhes, os contornos, para esbarrar mais uma vez na recusa desesperada do paciente: "O que falo a você nunca é suficiente", lamenta-se Allan. Com ele, Gori não sabe o que dizer nem o que fazer, é sempre suspeito, seja de intrusão, seja de negligência, é maltratado, impotente. E, no entanto, a análise prossegue, incômoda e pouco gratificante, durante meses e, em breve, durante anos.

Em sessão, semana após semana, Allan relata, entra ano, sai ano, os sobressaltos, os marcos de sua vida. O encontro com uma mulher com quem se casa, o momento em que se torna pai, as comissões, entrevistas, avaliações profissionais às quais se submete, pois encontrou um trabalho: sua mãe finalmente parou de sustentá-lo. Talvez esteja melhor. Mas a infelicidade e a cólera continuam ali. Contra os membros de uma comissão que, na sua opinião, o julgaram mal, o avaliaram mal, ele merecia mais. Contra essa esposa que ele descreve, com o passar do tempo, com uma lucidez fria, ela não é mais jovem, está menos bela do que antigamente, por que a escolheu, e não outra, talvez merecesse uma companheira mais bela. E contra seu analista, é claro, que faz demais, ou não faz o suficiente... pois é assim que Allan, obcecado pela preocupação de que as contas sejam corretas, com grande receio de ser desapossado, fez sua transferência com Roland Gori, o psicanalista-parquímetro. Esse homem que se parece tão pouco com ele, esse analista que ele esvazia, ele o coloca na posição do "Outro" eternamente culpado de maus-tratos e negligência. E os dois, paciente e analista, estão armadilhados por essa intrincada transferência. Enfim, cinco, talvez seis anos após seu primeiro encontro, essa foi a hipótese enunciada por Roland Gori para seu paciente impossível. E, dessa vez, Allan não recusa a interpretação, não esbraveja a despossessão de sua história. Dessa vez, o belo Allan põe-se a chorar. E, na sessão seguinte, conta um sonho: está à beira de um rio, e para chegar à outra margem, deve passar sobre uma viga onde jaz o corpo de uma criancinha morta.

Anos mais tarde, Roland Gori nada esqueceu do que esse sonho provocou nele. Ouvindo a descrição da cena, que o emociona e aterroriza, abandona, brutalmente, sua posição de analista "funcionário", não está mais nesse papel que com Allan tem tanta dificuldade de se manter, daquele que se cala, daquele que sabe e interpreta. Se é verdade que a psicanálise é um encontro com "a criança que continua viva em nós", então, eis Allan, diante da criança que não o deixaram ser, frente à criança que foi de fato maltratada, petrificada pela onipotência materna, e que o deixa inconsolável. E aqui está seu psicanalista, testemunha do encontro, que não tem nada a dizer, nada a fazer, somente escutar e estar ali, nas origens da melancolia. Será necessário conduzir outras análises em que a figura da criança morta reaparecerá, em sonhos e palavras, para que Roland Gori compreenda sua força simbólica e a teorize em um livro *Logique des passions* (Lógica das Paixões). O corpo da criança inerte é a parte ontológica de si mesmo, é a vitalidade à qual renunciamos para preencher o que falta ao Outro. Allan passou sua vida a preencher as faltas de sua mãe e permaneceu uma criança impedida de viver.

Roland Gori pensa hoje, que após anos dessa transferência desconfortável, o sonho de Allan o fez, definitivamente, se libertar. Esse homem que o maltratou, também o curou para sempre de ser um analista "parquímetro", rígido e petrificado, prisioneiro do próprio papel. Sobre a viga do sonho, ambos, no fundo, atravessaram e ultrapassaram o que os alienava. Depois disso, Gori aceitou "ter paciência", às vezes apenas estar "ali", ao lado de seus analisandos, de se deixar, em parte, modelar, inventar por eles. Quando Allan, mais calmo, finalizou sua análise após dez anos, e esteve pela última vez na rua Paradis: "Não sei do que me curou, senhor", ele lhe disse. "Mas me ensinou a levar as palavras a sério." Naquele dia, pela primeira vez, Roland Gori aceitou um presente de um de seus pacientes. O quadro que achamos juntos em seu apartamento e que o representa. Vemos ali dois olhos. E, sobretudo, duas orelhas, imensas.

Nomes de Pássaros

Danièle Lévy
& Augustin

Augustin atravessa a porta do consultório de Danièle Lévy em um dia de 1975. Esse jovem alto, magro, de silhueta levemente arqueada, e cabelos cortados à *Thierry la Fronde*[1], Augustin, ao entrar na sala, ela se recorda, lhe dá a impressão de vir de longe. "De tempos antigos", diz a psicanalista, quarenta anos depois. Sua memória o transformou em figura mítica.

Dez anos antes do primeiro encontro face a face, Danièle Lévy, muito jovem, não sabe o que fazer de sua vida. Reside em uma cidadezinha do leste da França, vem de uma família de operários tipógrafos, matricula-se na faculdade de filosofia, entedia-se. Ela estaria tão bem quanto, ou melhor, tão mal quanto, em outro lugar qualquer do que aquele em que se encontra, não tem a menor ideia do lugar que poderia ocupar nesse mundo, tampouco de como escapar do tédio, da tristeza que a impregna. Aos 21 anos, vai embora para Paris, inscreve-se na Sorbonne, e continua a se entediar. Durante o horário das aulas, ela dorme com a cabeça apoiada na carteira, e, assim que a aula termina, corre para os cinemas do Quartier Latin, passa sua vida nas salas escuras: sempre a vontade de estar em algum outro lugar... até o

---

1 Série da TV francesa exibida entre 1963-1966. (N. da T.)

dia em que, deixando-se arrastar para os seminários de Lacan, Danièle Lévy desperta, enfim.

Hoje, no entanto, ela confessa, com humor, que nada entendia do que se dizia ali. Mas, havia, nessas reuniões, risadas, uma juventude, uma liberdade da palavra e do pensamento que não se assemelhava a nada do que tivesse conhecido. Ela gostava do sarcasmo de Lacan, do uso sofisticado que ele fazia da linguagem, suas frases nas quais nos perdemos dão-lhe a impressão de se infiltrar nela, de revelar seu sentido com atraso. Ele dizia coisas que ela acreditava já saber sem ser capaz de formulá-las, e teve, pela primeira vez, o sentimento de se encontrar exatamente onde deveria estar.

Ela tinha se esquecido do fato, mas, aos quinze anos, sem saber muito bem o que queria dizer, desejava se tornar analista. O que ela tinha lido, então, de Freud, em particular suas ideias a respeito das mulheres, tinham-na afastado dessa vocação que retorna de forma abrupta, anos mais tarde, ouvindo Lacan. A jovem, decidida, pede emprestado a um tio-avô a quantia para iniciar uma psicanálise, passa no concurso para professora e o reembolsa dando aulas de filosofia.

Hoje, sabe e afirma enfaticamente que sua psicanálise definitivamente a salvou, que sem os anos passados no divã, sem dúvida, ela iria morar embaixo da ponte, "inútil", eternamente entediada e perdida. Então, aqui está, quarenta anos depois, sentada e tranquila na poltrona grande de seu consultório. Em seu lugar.

Augustin é um de seus primeiros pacientes. É um rapaz culto, que trabalha no meio artístico e adora sua profissão. Seu pedido de análise é específico e terapêutico, pois Augustin está apaixonado por uma mulher, mas sofre de impotência. O casal se separou, sua noiva o deixou e ele quer reconquistá-la. Então, ele pensa, a psicanálise pode curá-lo.

Nos dias de hoje, esquecemos a que ponto, naquele tempo, em particular nos meios artísticos e intelectuais, a psicanálise estava em evidência: sabia-se de que trabalho se trata, quais as regras, aceitava-se pagar para ter acesso ao próprio desejo. Augustin está a par disto, e quer se sentir melhor. Virá então, duas, depois, três vezes por semana, aceitará abdicar de boa parte de seu salário, deitar-se no divã, falar e retornar na próxima sessão com uma convicção, uma determinação que, anos depois, ainda subjugam sua psicanalista.

Desde a segunda sessão e até o final de seus três anos de divã, seu pedido inicial não será mais questão, assim como nunca mais será questão a mulher por quem está apaixonado. Augustin fala muito pouco de sua vida presente e não se queixa de nada. Não pede nenhum conselho, não espera nenhuma resposta, guarda certa distância em relação à sua analista. E respeita rigorosamente a regra que consiste em dizer, sem censuras, o que vem à mente. Augustin joga o jogo. E parece nunca duvidar de que as palavras que lhe vêm são a via para acessar à sua vida psíquica, essa vida que precisa reconstruir.

Expressa-se bem, lê muito, presenteia sua analista com suas histórias e leituras. Provavelmente, lê obras sobre psicanálise, mas nunca diz nada a respeito, pois toma o cuidado de não invadir o domínio daquela que, toda semana, escuta-o tranquilamente. Durante três anos, um e outro permanecem em seus lugares, como uma peça com duas personagens na qual cada uma deve manter seu papel para que algo, enfim, aconteça.

Danièle Lévy recorda-se precisamente de dois episódios, sem dúvida, momentos cruciais da psicanálise. Em primeiro lugar, o longo período durante o qual, sessão após sessão, Augustin retoma insistentemente uma estranha fobia. O rapaz não consegue suportar o gesto que fazem as mulheres, às vezes de forma automática, mexendo nos botões de suas blusas, abotoando e desabotoando sem pensar nisso e sem deixar com que se veja algo. Seu medo do sexo, do outro sexo, se cristaliza nesses botões, nesse despir interrompido, nesse movimento que é simultaneamente uma iminência temível e uma promessa que nunca se cumpre. Passa meses a descrevê-la, a falar do horror que tal gesto lhe inspira, e, sem dúvida, assim, esvazia-o de toda a carga simbólica.

E depois passa por outro período singular. Durante semanas, a primeira palavra que Augustin pronuncia em sessão é, sempre, um nome de pássaro. Falcão, melharuco, sabiá-laranjeira, pardal, a palavra é dita assim que ele se deita no divã, é lançada como se nada houvesse, e, logo em seguida, passa a outro assunto. "É a mim que dirige esses nomes de pássaros?", pergunta, finalmente, Danièle Lévy. "Pode ser", responde Augustin…

Como é belo, e cheio de ironia, esse sinal da transferência que Augustin faz com sua psicanalista, como se concentrasse sobre ela todo seu temor, a cólera, a angústia que as mulheres lhe inspiram. Sem dúvida, assim ele se libertou de seu medo e de sua impotência, pois, certo dia, levantando-se do divã, Augustin diz que não voltará mais, que deixará Paris para reencontrar a mulher que ama. De maneira quase tão decidida, tão repentina como quando começou a psicanálise, a finaliza três anos depois para se juntar à sua noiva reconquistada.

Em poucas palavras, foi um tratamento incrivelmente gratificante que Danièle Lévy escolheu me contar. Para o paciente, cujo pedido de cura foi simplesmente atendido, e para a psicanalista, que vê o trabalho analítico, do qual é um humilde mas indispensável vetor, fazer-se como que por si só. Não houve confiança a ser instaurada, palavras a serem procuradas, Augustin permaneceu o dono de sua análise e a palavra fez seu trabalho. Rápido e eficiente. Após anos de prática, no cortejo interminável de pessoas que atravessaram a porta de seu consultório, Augustin permaneceu, para ela, uma espécie de paciente ideal, arquetípico, e esse tratamento depurado, a quintessência do que é ou, ao menos, pode ser a psicanálise.

Os Comboios e o Fuzilado

Patrick Landman & Maryse

Eles se cruzaram recentemente e se reconheceram, trinta anos depois do primeiro encontro. Patrick Landman dava uma conferência sobre o DSM-V, o manual americano das doenças mentais do qual é, na França, um dos críticos mais ardentes. Maryse estava na sala. Quando o público saiu, ela se aproximou do psicanalista e perguntou a ele, incrédula: ele se lembraria de que ela fora sua analisanda há trinta anos? Landman aquiesceu amavelmente, sorrindo em seu mais profundo interior sem ousar dizer algo mais, como se Maryse tivesse sido uma paciente comum, como se ele pudesse ter esquecido os quatro anos caminhando juntos, ele que, desde então, nunca mais deixou de se questionar. Quem foi, Maryse ou ele, verdadeiramente o analista do outro?

Maryse tem quarenta anos quando chega no consultório parisiense de Patrick Landman. É uma mulher magra, com uma feminilidade um pouco bruta, mochila nas costas e jeans eternos, pele pálida e sem artifícios. É educadora especializada[1]. Quer iniciar uma psicanálise pois algo trava dentro dela quando está em

---

1   O educador especializado é um assistente social, socioeducativo, que auxilia na educação de crianças e adolescentes desajustados e também a adultos com deficiências físicas ou mentais para ajudá-los a recuperar sua independência. (N. da T.)

questão o poder, o exercício de autoridade. Quando as crianças que estão sob seus cuidados diariamente brigam, Maryse nunca consegue separá-las, ou, até mesmo, às vezes, sequer se defender dos golpes dos pequenos. Ela não sabe se fazer ouvir, se fazer respeitar; ela gostaria, portanto, de desempenhar o papel que lhe é devido, exercer enfim uma autoridade de adulto.

No divã, Maryse evoca frequentemente seu pai. Fala também de seu companheiro. E meses após ter iniciado seu tratamento, conta, em sessão, que o traiu. O psicanalista não diz uma só palavra, no entanto, sua paciente deitada crê ouvir, às suas costas, algum tipo de reprovação. "Você me julga", ela suspeita, furiosa por ele ousar emitir uma crítica que, se justifica ainda trinta anos depois, ele nunca formulou... Entre eles, esse é o primeiro incidente. Maryse censura-o com veemência por sua falta de neutralidade, despeja sobre ele uma torrente de críticas e a reação intensa, quase odiosa, o desestabiliza. "Você me julga." Mas haverá entre eles um segundo incidente decisivo.

A família de Maryse reside no norte da França e seu pai, já falecido, do qual ela tanto fala, foi durante toda sua vida um maquinista. Há semanas, meses, ela evoca em sessão a Segunda Guerra Mundial e tudo o que esse pai, que ela idealiza, lhe contou: a alteração dos horários dos trens, a regulamentação alemã, os transportes de mercadorias, os inúmeros transtornos logísticos que a presença do inimigo causara, naquela época, a esse pai tão amado. Landman está irritado, desconfortável. Maryse não para de retomar o assunto, insiste... os trens, a guerra, o norte. Ele tenta se controlar até o dia em que não consegue mais se conter. "Não teria seu pai dirigido também trens de deportação, você nunca se questionou sobre isso?" Em teoria, a ideia é provocá-la, levá-la a questionar a figura paterna mítica que está por trás de suas dificuldades de se posicionar. Ele pensa, hoje, que se excedeu. Aliás, a reação de sua paciente foi catastrófica. Como ele ousa? Por que quer desestabilizá-la? Com que direito acusa seu pai, comunista, que nada fez de errado durante a guerra? Nenhum objeto, nenhum livro, no consultório nem na sala de espera, denuncia a origem judaica do psicanalista. Mas Maryse se prende a seu sobrenome e o repreende, uma vez mais, por sua pouca neutralidade. "Você projeta em mim uma questão que não me diz respeito, age como um parasita em mim com sua história familiar", ela lhe diz, furiosa.

A verdade é que, Patrick Landman reconhece hoje, sua paciente tem razão. Naquela época, o psicanalista, e todos os franceses, estavam chocados com o filme *Shoah*, de Claude Lanzmann. Mas é a paciente difícil, que o provoca com suas entediantes histórias de trens, e que, sobretudo, reage com a força que a caracteriza à sua intervenção infeliz, é Maryse quem o leva, enfim, a abrir uma porta que em dez anos de análise ele apenas entreabriu. Durante a guerra, o avô paterno de Patrick Landman, a filha e o irmão, judeus, foram fuzilados, na floresta, e jogados em uma vala comum. Vítimas da *schoá* por tiros. Eis aqui, então, a história que o analista, involuntariamente, deposita em sua paciente. Ele a conhece, desde sempre, mas não percebeu o alcance do desastre, ainda não entendeu o quanto ele continua a viver, ainda que tenha nascido após a guerra, na sombra desse trauma. Quando Maryse está deitada em seu divã, Landman inicia uma segunda parte de sua psicanálise. Ele tem dificuldades, sempre as teve, com os pacientes agressivos, raivosos, com a transferência negativa tal como a que Maryse opera precisamente sobre ele. E é graças a ela que ele entende o motivo: ainda vive no pavor do ódio mortífero que outrora foi dirigido aos seus familiares.

Essa intervenção do psicanalista e a reação que ela provoca em sua paciente não os deixam ilesos. No entanto, o tratamento de Maryse prossegue, bem ou mal, por quatro anos, duas vezes por semana. Até o dia em que o céu cai sobre a cabeça de Patrick Landman. Maryse bate, como de costume, à porta de seu consultório, apoia sua mochila de sempre e se deita. E anuncia que vai embora. Agora. Será sua última sessão, nada a deterá. Ela encontrou outro psicanalista, uma mulher que a escuta, ela diz, com mais delicadeza, mais empatia do que ele. Landman fez o que pôde por ela e ela o agradece por isso, mas é isso, acabou. Esse adeus é para o analista algo muito impactante. Ele não percebeu nada, não entendeu nada, o final de um tratamento se prevê, se sente, se discute, mas essa partida o pegou desprevenido. Escutando sua paciente falar, ele se recorda das últimas sessões, tenta detectar nelas sinais indicadores, assim como um homem ou uma mulher abandonada revê o filme infinitas vezes. O que fez, onde falhou, qual é sua culpa para que ela prefira outra analista a ele? Ele não diz uma palavra, mas está transtornado quando acompanha Maryse até a porta pela última vez, e quando esta se fecha atrás dela, duas palavras se impõem, e irão se impor como um mantra durante os dias, as semanas subsequentes: "desaparecimento brutal". Nunca, até então, a partida de um paciente tinha ocorrido de forma tão violenta, nunca o fim de uma análise deixou-o, sobretudo, tão desamparado. Por quê?

A vida retoma, os pacientes se sucedem, o choque, pois foi esse o caso, dissipa-se um pouco. Até que, anos após a partida de Maryse, a associação psicanalítica a que Landman pertence propõe, a quem quiser, o seguinte trabalho: relatar, na presença de alguns colegas, um tratamento que terminou mal. Um membro do auditório, por sua vez, irá apresentar esse relato para um grupo maior, em presença do psicanalista, e, juntos, irão trabalhar para extrair algo disso. Patrick Landman, naturalmente, deseja falar de Maryse. Relata o ressentimento de sua paciente em relação a ele, a violência de sua partida, o que esse fim de tratamento deflagrou nele, e as duas palavras que não o abandonaram mais, permanecendo ainda inexplicáveis anos depois, "desaparecimento brutal". Que desânimo, os comentários de seus colegas o deixam frustrado, decepcionado. E na noite da sessão coletiva, Landman tem este sonho: sua mãe, morta quando ele tinha 25 anos, os convoca, seu irmão e ele, e lhes fala do além. "Sabem por que os abandonei brutalmente?", ela diz aos filhos: "Porque meu pai, ele também me abandonou brutalmente."

Que maravilhosos são esses sonhos que derrubam, em uma noite, as muralhas que o tempo ergueu. O sonho conduz Patrick Landman a um caminho ainda inexplorado de sua história, revela a ele o elo inconsciente que há entre dois acontecimentos familiares, e lhe mostra, enfim, por que a partida de Maryse o desestabilizou de forma tão violenta. Quinze anos atrás, a mãe do psicanalista morreu de uma doença diagnosticada apenas alguns meses antes, levando-a rapidamente, surpreendendo os seus familiares de forma terrível. Seu falecimento foi para o jovem um "desaparecimento brutal", e o de Maryse, anos depois, o fez, de algum modo, revivê-lo. Mas há outra história nesse sonho, a do avô materno, cuja importância, mais uma vez anterior à Maryse, Landman não tinha percebido. Ele viu esse avô apenas uma vez, pois o homem deixou sua esposa por outra mulher, abandonou seu lar e, portanto, sua filha caçula, mãe de Patrick Landman, quando ela tinha seis anos. O analista certamente evocou tal personagem no decorrer de sua análise, mas sua mãe, não parecendo perturbada por essa história antiga, fez com que ele considerasse até então, esse avô indigno como tendo um papel secundário na mitologia familiar, um homem desacreditado e voluntariamente esquecido. O sonho o impele a ir mais longe. E, por sua tia, toma conhecimento do que havia ocultado até então. Que esse homem era adorado por sua filha caçula. Que essa partida, esse fracasso em deter o pai, fora, por consequência, o drama íntimo da existência de sua mãe, uma derrota da qual ela, provavelmente, não se recuperou completamente. O homem quis reencontrar sua filha, conhecer seus netos, estabelecer laços verdadeiros, e foi ela, sem dúvida, incapaz de superar sua tristeza, quem sempre se recusou a perdoá-lo. Portanto, houve na vida de sua mãe um "desaparecimento brutal", cuja cicatriz, aqui mais uma vez, Maryse e sua partida permitem a Patrick Landman dimensionar.

Quando se cruzaram no final da conferência, ele psicanalista, aguerrido, reconhecido, agora aclamado pelo seu combate contra o DSM, ela, setenta anos, educadora aposentada, Maryse agradeceu calorosamente Landman pela ajuda que, trinta anos atrás, ele lhe prestou. Tomado de surpresa, nada soube responder. Como dizer a essa mulher que, em sua aventura psicanalítica, na própria vida, no modo como se inscreve dentro de sua história familiar, na sombra de seus dois avôs, o indigno e o fuzilado, que ela tinha tido um papel de tal relevância? Como fazê-la compreender que sua transferência raivosa, suas reações intensas, sua partida brusca, seu talento inconsciente em perceber o que ainda era uma dificuldade para ele, e responder a isso, lhe abriram um caminho que anos de divã ainda não lhe tinham permitido explorar? Se é verdade que a análise é um duplo encontro, então Landman admite humildemente que ele foi, sem dúvida, dos dois, o mais afetado.

As Primeiras Lágrimas

Philippe Grimbert
& Georges

No anfiteatro de um grande hospital parisiense, diante de um grande público de médicos, enfermeiros e psicólogos, o escritor e psicanalista Philippe Grimbert evoca o enigma familiar que assombrou sua infância, sobre o qual ele acaba de lançar *Un Secret* (Um Segredo), o livro que o tornou conhecido. Fala sobre ele à sua maneira, calorosa e sensível, a de um homem que conta com prazer suas alegrias e suas dores, um homem a quem a análise e a escrita restauraram a consciência de si mesmo.

Nos degraus do anfiteatro, um velho senhor escuta-o atentamente. É um pediatra aposentado, que por muito tempo clinicou nesse hospital e continua a atender, de vez em quando, pequenos pacientes. Georges aguarda o final da conferência, aproxima-se do escritor; tem quinze, vinte anos mais que o autor, mas dirige-se a ele com uma polidez perturbadora. Ele quer iniciar uma psicanálise e solicita uma consulta.

Dali por diante, uma vez por semana, Georges vai até a rua Pigalle, no consultório no andar térreo onde Philippe Grimbert, para se preservar do olhar dos pedestres, atende com as persianas fechadas a qualquer hora do dia. Georges é sempre pontual, e cada início de sessão dá lugar ao mesmo pequeno gesto cortês um pouco ridículo: ele em pé, recusando-se a se sentar, enquanto o analista não estiver acomodado em sua poltrona. Impossível para ele deitar-se no divã, uma *chaise longue* Le Corbusier da qual teria muita dificuldade de se levantar. Georges tem ainda uma bela aparência, mas é um velho senhor doente. Um câncer de intestino tem lhe obrigado, recentemente, a seguir um tratamento pesado.

Mas qual a vantagem? Philippe Grimbert guarda para si essa pergunta, mas a tem em mente, pelo menos no início do tratamento, a cada vez que a silhueta alta de Georges surge, no horário combinado, na entrada de seu consultório. Qual a vantagem, com mais de 75 anos, e quando tal ameaça recai sobre sua existência, de começar uma psicanálise? Qual a vantagem de gastar seu tempo precioso, essa energia que em breve lhe faltará, em uma aventura tão arriscada e que, ele sabe, demanda um longo período?

Georges fez, mais jovem, uma primeira fase de análise. Durante alguns anos, esse trabalho o ajudou muito, mas seus sintomas não desapareceram e eles são terríveis. Pois Georges não sente nada. Jamais vivencia alguma emoção. Nem tristeza, nem alegria, nem medo, nem afeto. O nascimento de seus filhos o deixou indiferente, o casal que forma com sua esposa foi, desde sempre, caracterizado como um companheirismo sem amor. Foi ela quem outrora o escolheu e ele se deixou levar, assim como deixou-se, depois, escolher por duas outras mulheres que tornou suas amantes, as quais não amou mais, não se afeiçoou mais, do que à sua mulher legítima. Georges tem ainda sua velha mãe, a quem vai visitar todo dia, com esse mesmo distanciamento consciencioso, essa mesma frieza que o caracteriza. E, evidentemente, sua indiferença faz a infelicidade de todos, mãe, mulher, amante e filhos, o torna alvo, constantemente, de críticas e provoca disputas homéricas com sua esposa. No entanto, Georges é um médico atento, um pai precavido, um filho que cuida, ele se esforça em desempenhar corretamente seu papel na peça, mas é movido por um único desejo: sentir algo, enfim. Philippe Grimbert pensa, hoje, que a transferência de Georges para sua pessoa provavelmente começou no dia mesmo da conferência. Escutando o escritor evocar seu passado, falar sem dificuldades do que sente, o velho pediatra talvez tenha visto nele o homem vivo que desejava se tornar.

AS PRIMEIRAS LÁGRIMAS

Ao longo do relato distanciado, quase clínico que lhe faz agora, em sessão, seu paciente se descreve muito bem como filho submetido aos desejos de uma mãe onipotente, como filho que obedece, desde a infância, a essa figura que reina em sua vida, e cujo amor, invasivo, de fato o aniquila. Ele obedece da mesma forma aos desejos de todos que o amam, deixando-se escolher, adorar, dirigir pelo seu entorno. E suporta tal submissão não sentindo nada, impondo àqueles que o estimam uma ausência, assustadora, de sentimentos.

Georges sempre pensou, e fala isso sem rodeios, que a morte de sua mãe seria para ele um segundo nascimento. À época, ela tem cem anos e o filho infeliz está a caminho da tumba antes dela. Ela morre, no entanto, durante o tratamento, no momento em que Georges está em sessão. E esse desaparecimento, evidentemente, não muda nada. Pouco importa se a mãe está viva ou morta, seu amor impeditivo está sempre aí, e a resposta que Georges encontrou para ele, sem que se dê conta, é sempre a mesma: aos 75 anos, ele permanece inerte, privado, até a loucura, de suas emoções. As semanas, os meses passam: no consultório escuro, iluminado por lâmpadas elétricas, o velho homem não se alegra, não sorri, não chora nem uma única vez. A doença, a violência dos tratamentos e a perspectiva da morte não parecem atingi-lo e o psicanalista se surpreende algumas vezes invejando sua coragem, seu rosto impassível, assim como Georges, sem dúvida, inveja seus traços móveis, seus risos e suas emoções. Estranho encontro face a face entre esses dois homens que são o contrário um do outro, estranha conversa que parece não levar a nada. E, também, o pequeno gesto do início de sessão, a deferência meio patética que Georges demonstra a Philippe Grimbert, seu relato linear, sua voz monocórdica, que poderiam, ao longo do tempo, irritar seu psicanalista.

No entanto, ele afirma alguns anos depois, Georges é a lembrança mais forte de sua vida de analista. Pois Georges o enternece, Georges o impressiona, Georges que, cansado, mais magro, nunca falta às sessões, tem fé mais do que ele próprio, no fundo, na psicanálise. Aliás, algo, apesar das aparências, está efetivamente acontecendo, lento movimento, subterrâneo, imperceptível, tectônico das placas que, um dia, irá liberar lágrimas. Três anos depois do início do tratamento, Georges relata em sessão uma conversa com sua filha mais velha. Ela lhe assegurou que, a despeito de sua frieza, ele era e sempre foi um excelente pai. Ao relatar isso, com seu tom neutro habitual, o velho rosto se desfaz repentinamente, é um pequeno abalo sísmico, um dilúvio ao qual Grimbert assiste sem dizer uma palavra. Georges chora, será a única vez. Não obstante, antes que as sessões se espacem e que Georges, hospitalizado, deixe de ir à rua Pigalle, ele terá sentido uma emoção, enfim.

O tempo passa, meses sem notícias, até que Philippe recebe a chamada que temia. Seu velho paciente morreu. É uma de suas filhas quem o avisa, agradecendo calorosamente ao escritor: as sessões, ela lhe diz, fizeram tão bem a seu pai que ele partiu sereno. Corajoso Georges, que fez uma aposta insensata e atingiu seu objetivo, paciente valente que demonstrou ao seu analista que não existe limite de idade para tentar sentir-se vivo. "Qual a vantagem?" Nunca mais, depois dele, essas palavras lhe vieram à mente.

A Cama do Pai

Muriel Flis-Trèves
& Marie

Mulheres desesperadas por não conseguirem ser mães, maltratadas pelos tratamentos, expectativas e esperanças frustradas, Muriel Flis-Trèves as recebe há muito tempo. Psiquiatra e psicanalista, trabalhou no atendimento de casais inférteis no hospital Tenon, depois no hospital Antoine-Béclère na equipe de René Frydman. Ela reflete e escreve há anos sobre esterilidade, o desejo de ter filhos, os transtornos psíquicos que induzem a procriação medicalizada e o recurso eventual a terceiros, doadores de sêmen, barrigas de aluguel. Nesse domínio tão misterioso da fertilidade humana são tecidas, frequentemente, histórias fascinantes, e a psicanalista conhece inúmeras delas. Mas no meio do longo séquito de pacientes que em trinta anos lhe narram seu sofrimento, há uma em particular que ela não esquecerá. Para defini-la, fala de um "pequeno soldado".

Marie é uma mulher extenuada por anos de fertilização *in vitro* fracassada que resolve vencer as resistências inconscientes que a impedem, acredita ela, de ter um filho. É para se tornar mãe, apenas por isso e nada mais, que vai ao consultório de Muriel Flis-Trèves. "Torne-me mãe, senão eu morro", diz Sara, a estéril, ao Deus do *Gênesis*. Marie não espera nada menos da psicanálise do que tal milagre.

Aos quarenta anos, parece uma jovenzinha. Um corpo magrinho, um rosto miúdo agradável, um punhado de cabelos louros despenteados. Há sete anos tenta ter um filho com seu companheiro e trava esse combate em um silêncio inquietante. Nunca falou sobre seus tratamentos, nem mesmo sobre a existência de Antoine para seus pais, Antoine com quem, no entanto, compartilha sua vida há quase dez anos. E tampouco para ele, o homem que ama, ela alguma vez pôde dizer o quanto essa expectativa – todo mês impiedosamente desapontada – a está aniquilando. Fazem o percurso médico juntos, mas cada um está enclausurado em uma tristeza que não sabe como compartilhar. Pois, então, Marie quer finalmente falar, ela vai falar duas, três vezes por semana, deitada no divã de Muriel Flis-Trèves; uma análise sem sonhos e quase sem silêncios, uma torrente de palavras durante muito tempo retidas, palavras que vão, acredita ela, enfim torná-la fértil.

Marie descende de uma família judia muito religiosa, que, durante muito tempo, viveu na Tunísia. É a última de cinco irmãos, três homens e uma mulher mais velhos. Nesse clã, um estranho papel lhe é reservado, um papel que sua mãe quis para ela. Ela assim conta essa lembrança de infância. De acordo com uma tradição judaica fielmente seguida por ela, sua mãe, no período da menstruação, deixa o leito conjugal. Bem, o pai não gosta de dormir sozinho, portanto, durante essas noites, é a pequena Marie quem sua esposa envia para ele. Não existe nem a sombra de uma suspeita incestuosa, trata-se apenas, inocentemente, de fazer companhia ao pai. Mas a menina derrama, todo mês, lágrimas de desespero, teme as noites durante as quais ela, evidentemente o sente de forma confusa, não está em seu lugar. Seus protestos de nada servem. Marie, até a puberdade, deverá ocupar o leito conjugal quando sua mãe, todo mês, o abandonar.

Anos depois, quando o pai aceita um cargo importante na França, os irmãos e irmã de Marie já iniciaram, na Tunísia, estudos universitários. É ela a quem a mãe obriga a interromper o ano escolar em andamento para mudar-se para lá, "instalar" o chefe de família. Marie, no último ano do colegial, desiste de prestar o exame para admissão na universidade. E no apartamento alugado em Marseille, aos dezessete anos, tem apenas a atividade de dona de casa. Ela organiza as instalações, prepara a chegada no período de volta às aulas do ano seguinte do resto da família, cozinha para seu pai, mantém o "casal" que formam, estranhamente, os dois. Ela também deve, conta a Muriel Flis-Trèves, barbear seu pai, cortar-lhe os cabelos, e, às vezes, até mesmo aparar os pelos, abundantes e antiestéticos, que lhe crescem no nariz. A lembrança desse detalhe a revolta. Anos após esse curto período em que viveram os dois longe da mãe e do resto da família, Marie, no divã, fala, enfim, de sua cólera. Não é com ele que está brava, o pai distante pelo qual a doce Marie guardou todo seu afeto, mas, sim, com essa singular figura materna à sombra da qual ela permaneceu, até agora, uma mulher como que impedida.

Ela conta que, com a chegada de sua família à Marselha, continua a ser explorada, a fazer as compras para uns e outros, a fazer inúmeros favores. A mãe é muito vaidosa, é preciso percorrer a cidade para lhe comprar esmaltes, pentes, batons, é preciso ajudá-la a fazer os *brushings*, as tinturas. Marie passa um tempo enorme assessorando-a docilmente nesse embelezamento constante, sendo que ela mesma nunca recorre a tais artifícios. No decorrer de sua vida de adolescente, de mulher, e hoje ainda, com mais de quarenta anos, Marie sempre se vestiu de forma muito simples, nunca se maquilou, empenhou-se, com todas as forças, pequenos seios invisíveis e cabeleira ao vento, em permanecer uma criança. Uma criança que com tal subterfúgio se retira do casal que sua mãe a obriga, inconscientemente, a formar com seu pai.

Observo Muriel Flis-Trèves me falar de Marie. Ela talvez tenha doze, quinze anos a mais que sua analisanda. Quando ela veio me abrir a porta há pouco, inicialmente ouvi, como um rufar de tambor, o som dos saltos altos sobre o piso de seu apartamento. É uma bela mulher de cabelos de um ruivo escuro, magra, muito elegante, que evoca sua paciente com uma benevolência, uma vigilância quase maternais. Ela admira visivelmente a coragem dessa menina maltratada que vai, no divã, autorizar-se a ser alguém outro que não a Cinderela, a Pele de Asno que fizeram dela. E na penumbra de seu consultório, a vistosa analista me faz, fugazmente, pensar em Delphine Seyrig no papel da madrinha no filme *Pele de Asno*[1]. Ela tem um pouco de seu semblante, de sua altivez, e imagino quanta força outra mulher pode encontrar em sua companhia, e consigo ver as duas, a paciente infantilizada e a psicanalista com uma feminilidade potente, juntas, procurando como se salvar desse triste conto.

[1] *Peau d'âne*, 1970, filme dirigido por Jacques Demy, no qual Seyrig (1932-1990) era a fada lilás. (N. da T.)

As semanas, os meses passam, a análise progride, mas Marie esbarra ainda em um obstáculo insuperável. Será preciso anunciar a seus pais, em particular a seu pai, a existência de seu companheiro. Antoine não é judeu, ela teme a fúria de seu pai, e é disso que ela se convence para não enfrentar sua família. Trata-se, de fato, para ela, muito menos uma questão de impor um homem que não é de sua religião do que impor simplesmente um homem. Assim, a cada vez que tenta evocar seu companheiro, seu pai se levanta e vai embora. Até mesmo no dia em que, mordendo os lábios, ela fala, enfim, abertamente do casal que forma com Antoine já há tanto tempo, o senhor abandona o cômodo, a senhora desvia o olhar. Essa Marie, esposa e potencialmente mãe, para eles, não existe. Mas ela quer fazê-la surgir e investe muita energia no trabalho realizado com a analista, esforço esse acrescido do apoio de seus irmãos e irmã. Os irmãos se juntam e decidem que, se Antoine não for convidado na próxima Páscoa judaica celebrada em família, nenhum deles estará presente. Os pais cedem. E Antoine, após dez anos de amor, entra enfim nessa estranha família.

Durante todo o tempo que Marie passa sobre o divã novas tentativas de fertilização *in vitro* aconteceram. Porém, ela agora tem 42 anos. Não será mais possível. Sua única chance de ser mãe, lhe dizem, é recorrendo à doação de ovócito e ela nem pensa em deixá-la escapar. Como é duro, como é injusto esse momento em que se tem de desistir. Como é difícil aceitar que outra mulher desempenhe um papel que já não pode desempenhar. Muriel Flis-Trèves conhece de cor esse processo. Ela sabe, por ter acompanhado vários casos, quais são as angústias, quais são os fantasmas que habitam as mulheres que recorrem à doação. De onde virá essa criança que não terá seu patrimônio biológico? Com quem se parece a doadora anônima, quem é ela, e como suportar que o ovócito desta desconhecida seja fecundado pelos gametas de seu companheiro, como admitir, enfim, que seus genes se misturem? Eis o que Muriel Flis-Trèves ouve, desde sempre, no seu divã. A doadora é percebida como uma intrusa, uma rival, sempre há um trabalho psíquico a ser feito, longo, difícil, e a psicanálise vai ajudar sua paciente a realizar a metamorfose: transformar a jovem adversária em doadora benfeitora, investi-la de um papel benevolente, o da fada boa que vai realizar, enfim, seu maior desejo.

O tempo passa, as sessões se sucedem, e Marie consegue dar espaço a essa desconhecida, pensar nela, enfim, como uma generosa madrinha. É feita uma tentativa no exterior, depois uma segunda. Marie está grávida.

Para a analista, o modo como sua paciente irá viver sua gravidez e lhe falar sobre ela constitui, ainda hoje, uma fonte de encantamento. Ela se espanta com o fato de que as mulheres que tentam engravidar durante anos, quando realizam seu sonho, têm, frequentemente, gravidezes difíceis, não suportam o cansaço nem os enjoos, os quais, no entanto, foram ansiosamente aguardados por elas. Marie, ao contrário, gosta de tudo de sua gravidez. Nunca está cansada, nunca sente enjoos, tudo para ela é uma alegria, seu corpo que se arredonda e se feminiza enfim, os primeiros movimentos do bebê dentro dela, a cicatriz que a cesariana feita de urgência deixara em seu ventre como uma prova de que ela também pagou com sua carne...

Uma menininha veio ao mundo. Dão-lhe o nome de Daphne. E, logo após o parto, Marie volta a encontrar sua psicanalista. Ela fala de sua filha com uma alegria sempre intensa, evoca, mês a mês, o crescimento dela, seus progressos, seus sorrisos, descreve a pele macia de Daphne, suas covinhas, a forma de sua boca e de seu belo nariz. Desde os primeiros dias, ela lhe sussurrou no ouvido a história de sua concepção. E se, às vezes, contemplando esse pequeno rosto tão amado, a imagem da doadora se impõe na mente de Marie, ela o percebe como um pensamento a ser domado e o afasta repetindo, como provocação, à sua filhinha, falando de si mesma na terceira pessoa: "Mamãe, mamãe, mamãe", "Mamãe vai te vestir", "Mamãe vai te buscar" ou "Mamãe te cobre de beijos". Ela ri com Muriel Flis-Trèves desse mantra ingênuo. Na realidade, ela ri de tudo, sua metamorfose em mãe feliz fascina sua psicanalista. Até que esse belo quadro, certo dia, obscurece.

Antoine não vive esse nascimento com a mesma felicidade. Está tenso, cansado. De uma visita à própria mãe, ele retorna, um dia, extremamente agitado. Marie tem uma relação distante com a sogra, uma mulher desagradável, pouco calorosa, que teima em chamar a companheira de seu filho de "senhora". E durante essa visita em que Marie não estava, certamente algo se passou, pois Antoine anda agora de um lado para o outro da sala como uma fera, se senta e se levanta, repete uma frase, cujo sentido ela não entende: "E ela me perguntou também se eu tinha dito a você..." Dito o quê? Como ocorre frequentemente quando a verdade se revela, em um casal ou em uma família, um age como se o outro já soubesse, ou ao menos devesse saber o que vão lhe dizer, como se a responsabilidade do segredo coubesse àquele que, na realidade, ignora completamente o que tentam lhe revelar. Marie deve, portanto, questionar Antoine, refletir, supor, reconstituir, e é ela que, finalmente, atordoada, enuncia o que ele não consegue dizer: a mãe de seu companheiro não é sua mãe biológica, Antoine é uma criança adotada e ele escondeu dela esse fato. Durante todos esses anos, o homem com o qual ela lutou com tanta persistência para ter um filho nunca lhe permitiu conhecer a própria história, e Marie descreve à sua analista a vertigem que toma conta dela agora, quando observa sua pequena Daphne. De onde vem essa criança? Aos genes da doadora acrescentam-se os dos avós biológicos dos quais nada se sabe, ao segredo se superpõe outro segredo, tantos desconhecidos conduzem agora o destino dessa menininha... Marie que se esforçou tanto para aceitar sua misteriosa benfeitora, que tanto batalhou para conquistar seu lugar no seio de seu clã familiar, Marie, dessa vez, se sente balançar.

Muriel Flis-Trèves, para descrevê-la, tinha me falado de um pequeno soldado. E sua paciente, efetivamente, reergue-se. À fúria causada pelas mentiras de seu companheiro segue-se rapidamente uma ternura e uma indulgência que provocam a admiração de sua analista. Marie entende que foi ao vê-la tornar-se mãe, ao descobrir a força do laço que a liga à Daphne, que Antoine revive seu abandono, e percebe, enfim, a extensão do drama que escondeu. Sente-se perdido, e ela vai apoiá-lo, ajudá-lo a retomar o fio da meada. E continuar, sobretudo, a ver sua analista. O desejo que ela formulou há dois anos para Muriel Flis-Trèves está agora realizado, mas o trabalho analítico para ela, na realidade, acaba de começar. Na ascendência de Daphne, existem mães biológicas desconhecidas, existem mães bem vivas e nocivas, e existe ela, Marie, que tenta reparar. "Torne-me uma mãe, senão eu morro." No consultório de Muriel Flis-Trèves, o qual creio que ela ainda frequenta, Marie, agora cheia de vida, continua a falar. E tricota uma história para sua filha.

Um Tio Russo

Robert Neuburger & Youri

Na ocasião de nosso encontro, Robert Neuburger estava se mudando definitivamente para Genebra, onde já trabalhava, meio período, há alguns anos. Estava fechando, então, seu consultório do bulevar Saint-Michel, a bela e ampla sala cujas paredes ressoaram, durante duas décadas, histórias de seus inúmeros pacientes. Nossos três encontros aconteceram durante sua mudança, cada um deles ocorrendo em um espaço cada vez mais vazio, mesa, tapete, escrivaninha, divã, desapareciam um após o outro da decoração, que se resumia, em nossa última entrevista, às duas cadeiras em que estávamos sentados. Nesse dia, enquanto eu aguardava na sala de espera, havia um barulho de vozes, de porta que se fecha. O visitante que me antecedia era o último paciente parisiense do psiquiatra, e os dois homens, após dezessete anos de sessões, despediam-se sem pressa.

Não é dessa longa análise que Robert Neuburger desejava me falar, mas de um paciente que tinha vindo ao seu consultório, ao todo, apenas três vezes. Não se tratava, portanto, de um tratamento analítico, mas sim de um encontro, apenas uma breve terapia que, no entanto, havia deixado, constatei já em nossa primeira conversa, uma marca inegável.

Robert Neuburger, silhueta alta, magra, cabeça pequena de passarinho com um sorriso comunicativo, é um tipo de Woody

Allen em formato grande, cuja conversa deliciosa é cheia de ironia e humor. Ironia doce e permanente, que exerce, em primeiro lugar, em relação a ele mesmo. Ele ri e faz rir, muito. No entanto, no dia em que evoca pela primeira vez Youri, cobre o rosto com as mãos e, silenciosamente, chora, deixando-me, à sua frente, completamente confusa e constrangida, incapaz de entender de onde vem a emoção que o invade. Os dois encontros seguintes não serão suficientes, precisarei ler alguns de seus livros, questioná-lo ainda por e-mail, decifrar os fragmentos de notas pessoais que ele me envia, para compreender, enfim, por que a evocação desse paciente pode provocar lágrimas silenciosas.

A chegada de Youri ao bulevar Saint-Michel, escoltado por seu motorista, não passa despercebida. De passagem na França, ele veio, por indicação de um amigo, aconselhar-se com um terapeuta. Youri é milionário. E está mal. Aos cinquenta anos, é casado com uma mulher que está com câncer, mas está apaixonado, já há algum tempo, por outra. E, no ritmo dos prazos médicos, tratamentos, recaídas de sua esposa, e dos encontros clandestinos com sua amante, Youri está desabando. Sente-se dividido, responsável por uma, em dívida com a outra, aprisionado em um terrível sentimento de culpa. Nesse dia, ele mostra a Robert Neuburger todos os sinais exteriores de uma depressão provocada, ele diz, por esse drama conjugal. Aliás, já toma antidepressivos, mas não lida bem com eles.

Estranho encontro face a face. De um lado, um milionário sob psicotrópicos que vem contar a história, no final das contas, relativamente banal, de um homem dividido entre dois amores. De outro, o psiquiatra e psicanalista que é Robert Neuburger, iconoclasta, hermético quanto às categorias e às certezas de sua disciplina, que pratica sua profissão, desde sempre, com inconformismo. Não acredita, nem nunca acreditou, na patologia depressiva. Essa ausência de si mesmo, conhecida já na Antiguidade e tratada hoje frequentemente com medicamentos, é, para ele, um sintoma e não uma doença. O que significa tal perda aterrorizadora do sentimento de existir que põe o paciente aos pés de seu terapeuta pedindo que ele a preencha?

Neuburger foi sempre apaixonado pela questão da "demanda" do paciente que se apresenta diante do médico das almas. O que ela esconde? Que papel é preenchido pelo sintoma do qual se queixa? E foi esse questionamento que o conduziu, sem jamais renegar a psicanálise, a se tornar na França, sob a influência de Siegi Hirsch, um dos grandes teóricos e práticos da terapia familiar. O postulado desse tipo de terapia é que o sintoma daquele que se designa paciente pode, em certos casos, preencher uma função no âmbito do casal, da fratria, da família, função que a análise individual fracassa em atualizar, mas que a terapia familiar pode permitir, eventualmente, que se revele.

Quando evoca seu percurso, Robert Neuburger conta que, bem jovem, ficou fascinado pelo destino de dois grandes inconformistas da medicina moderna. Pasteur, que tem a coragem de invalidar a teoria da geração espontânea defendida por seus pares e afirma que os micróbios não nascem de si próprios. E Freud, do qual Neuburger devora, aos quinze anos, *A Interpretação dos Sonhos*, Freud que aplica, no fundo, em relação à doença mental, o mesmo tipo de leitura: nada vem de nada, o sintoma tem um sentido e o indivíduo, uma história.

Neuburger situa sua vida de terapeuta sob o signo do cepticismo o qual, segundo ele, foi demonstrado por essas duas personagens. Odeia os dogmatismos, deseja-se livre para praticar a dúvida, tentar experiências audaciosas. Em função de sua tese de medicina, o jovem psiquiatra aceita testar, para um laboratório, a eficácia de um novo antidepressivo. Trata-se de comparar, no âmbito de um serviço hospitalar, o estado dos doentes aos quais é administrada a substância e daqueles que tomam o placebo. O teste é feito às cegas, ou seja, os enfermeiros que distribuem os comprimidos não sabem quem está tomando o antidepressivo. Então, o jovem médico tem a ousadia, sem nada dizer aos cuidadores, de descartar todos os produtos ativos no lixo. Cinquenta anos depois, ele ainda se diverte por ter administrado, durante semanas, miolo de pão a todos estes pacientes, o estado de alguns se estagnando, o de outros, revelando, após um período, sinais nítidos de melhora. Comemora, principalmente, a lembrança dos cuidadores lhe dizendo que descobriram com certeza e com rapidez quais são as pílulas com o princípio ativo: os pacientes que as engolem, asseguram eles, estão muito mais vivos, agitados do que os outros. Maravilhas do efeito da sugestão.

Sua vida de terapeuta é repleta de episódios desse tipo. É marcada, principalmente, pela experiência fundadora que vivenciou em uma unidade de pacientes psicóticos em Paris. Estamos nos anos 1970, e o estado desses pacientes, aproximadamente quinze, tratados de modo clássico e voluntarista, é deplorável. São amorfos, incapazes de mínima troca, aprisionados em seu *status* de doente. Até que a equipe, sob o impulso do psiquiatra e psicanalista Michel Silvestre que a dirige, decide tentar alguma coisa. Já que não se consegue curar essas pessoas, daqui por diante deve-se abster de fazê-lo, deixar de tratá-las como doentes, e se contentar, e tal exercício é muito mais desgastante, em "estar" simplesmente com elas. Durante dias e dias, uma espécie de vida terapêutica se instaura, consistindo, no que se refere aos cuidadores, em especificamente não se comportar mais como tal, em passar várias horas por dia em companhia desses homens e dessas mulheres, esperando que uma demanda de sua parte finalmente emerja. Essa famosa "demanda" que tanto interessa ao jovem psiquiatra. Ocorre que, ao final dessa difícil experiência, um após o outro, os pacientes, efetivamente, despertam. Não há, evidentemente, cura milagrosa, mas cada um deles, saindo de seu *status* de cuidador ou de quem é cuidado, propicia que algo, um pouco de vida, de autonomia, de narrativa singular comece a se tornar possível. Robert Neuburger deduz que, às vezes, é ao não querer curar a qualquer preço que se abre a via da cura.

Ele evoca também, com a autoderrisão que o caracteriza, sua própria análise, maravilhado com o fato de ter conseguido, em sete anos passados no divã, "não dizer nada de importante" para seu analista... Contudo, na época em que empreende seu tratamento, o jovem Robert Neuburger ainda não acessara os elementos secretos de seu destino familiar, os quais lhe serão revelados aos 45 anos. E é aí que, misteriosamente, a história de Youri o remete à sua, em espelho.

Muito rapidamente seu paciente revela que a culpa que o assola, a qual ele apresentou inicialmente como ligada à doença de sua esposa, de fato, não é uma novidade. Desde sempre, ele se apaixona por mulheres, acaba se cansando delas e as abandona, elas desoladas, ele em estado deplorável. Então, cobre suas amantes de presentes, sustentando conscienciosamente todas as mulheres em relação às quais se sente culpado. Quer seja em relação à sua esposa, traída e doente, ou em relação a essas mulheres que ele se censura por abandonar, uma após outra, Youri não pode amar sem que isso envolva um sistema complicado de créditos e débitos, de culpa perpétua. Ocorre que, ao longo das conversas com Neuburger, surge o fato de que a fortuna de Youri é uma herança. O dinheiro pertence a um tio russo, cujo enorme talento para os negócios o fez enriquecer muito. Adoeceu prematuramente, e antes de morrer escolheu, entre numerosos sobrinhos, Youri como herdeiro. Youri tem obrigações, supostamente deve fazer render esse dinheiro caído do céu e beneficiar seus familiares. Sustenta, assim, sua irmã e seus numerosos primos, mas, enfim, é ele o único herdeiro, a fortuna lhe pertence.

Certamente, existem fatos mais trágicos do que herdar alguns milhões. No entanto, é exatamente isto que o destrói, ter sido escolhido em detrimento dos outros, ser o vencedor, o sortudo do clã. O dinheiro que deveria satisfazê-lo, o engolfa, o faz culpado, o torna ausente de si mesmo, como se preferisse desaparecer a ser o escolhido. E a única maneira que encontrou de sentir-se existente é produzir, incessantemente, toda uma rede de dívidas de mão dupla. Culpado em relação às mulheres a quem se apega, redime-se sustentando-as, pagando a elas um tributo financeiro e psíquico que lhe permite sentir-se vivo. Pelo menos é assim que, ao final de três encontros, Neurburger entende a situação e a expõe a Youri. Dito de outra forma, ele abre o jogo. Não é a dificuldade conjugal que seu paciente atravessa que o está abalando, é ele que, para não se afundar, provoca incansavelmente o mesmo cenário, para vivenciar em outro plano a culpa pela fortuna que ele acredita não merecer. E também para retomar, no olhar daquelas que ele sustenta e que lhe são devedoras, um frágil sentimento de existência.

Youri, conta hoje Neuburger, fica espantado com tal versão das coisas. A narrativa que ele veio desenrolar foi derrubada, e o psiquiatra lhe ofereceu, em três encontros, a possibilidade de dar esse pequeno passo salvador, de reler a história ao contrário, e Youri se sente visivelmente melhor.

Ninguém sabe o que acontece com ele depois disso. E precisarei de tempo para compreender por que o psicanalista escolhe evocar esta brevíssima análise, pois Robert Neuburger fornece-me, a cada encontro, apenas pequenas peças de um quebra-cabeça, e o motivo disso eu não consigo entender. Ele diz que passou sua vida sentindo-se responsável pelos outros, dedicando-se aos seus próximos e a seus pacientes até o ponto de alienação. Diz que os analisandos que deixam uma marca na vida de um psicanalista são aqueles cuja problemática se assemelha à do terapeuta. Remete à leitura de seus livros e afirma sorrindo que, aos 75 anos, foi Youri, a quem viu apenas três vezes, que lhe permitiu atravessar uma etapa decisiva de sua análise. Diz ainda que não tem irmão nem irmã, que todos os primos e ascendentes morreram e que "traz" todos os mortos nele. Depois, finalmente, envia-me algumas notas pessoais, lembranças de infância dispersas, fragmentos de relatos, cuja trama ainda não consigo reconstituir. Somente ao percorrê-los novamente, logo após ter lido seu livro *Les Familles qui ont la tête à l'envers* (As Famílias de Cabeça Para Baixo), é que finalmente entendo isto: um dos casos que Robert Neuburger apresenta, nessa obra publicada em 2005, como o de uma família atendida em terapia, é, de fato, sua própria história. Ela a incluiu ali, como quem não quer nada, travestida, entrando de fininho entre as descrições de pacientes bem reais. "Obtive a autorização para publicar duas páginas do diário íntimo do neto", escreve Neuburger no meio de sua exposição, que segue, de fato, um texto transcrito. O neto é ele, e o diário, na realidade, é o seu. Eis aqui sua história.

    Em 1939, pouco antes do nascimento de Robert Neuburger, seu avô paterno escolhe morrer, defenestrando-se. Estamos na Alemanha, a família Neuburger é judia. O avô, acusado de ter cuspido em um monumento aos mortos, foi detido pelos nazistas, e antes de sofrer a humilhação da prisão, preferiu pôr fim aos seus dias. Naqueles tempos trágicos, em que o perigo e as perseguições estão à espreita, essa morte escolhida é vivida por sua família como uma deserção, um abandono dos seus. Robert Neuburger carrega o nome desse homem. Mas as condições de seu nascimento são mais impactantes ainda. No mesmo ano, uma irmã de seu pai, recém-casada, precisa fugir e entrega seus dois filhos ao irmão. O casal prometeu protegê-los e está fora de cogitação que a jovem esposa, tendo que se ocupar dos dois sobrinhos, fique grávida. Pois é exatamente isso que acontece, como se costuma dizer, "por acidente". Robert nasce no final do ano 1939. A jovem não pode cuidar ao mesmo tempo do bebê e de Jean, o mais jovem dos sobrinhos, e confia este último, com o consentimento de seu esposo, a uma associação que cuida de crianças judias. E é de lá que Jean, pouco depois, será deportado. Ele morrerá, assim como tantos outros membros da família em Auschwitz, enquanto o pequeno Robert, graças à determinação de sua mãe em fugir da Alemanha, após anos de êxodo e de vida escondida, sobreviverá. Em seu diário, que ele transcreve como sendo de outro, Robert Neuburger escreve: "Nasci culpado e cresci culpado [...], tomei o lugar desse morto, morto por minha causa, pelo fato de meu nascimento." E nas notas pessoais que ele me envia, cujo sentido não entendi na primeira leitura, escreve ainda: "Como compreender o que se passa para os seres que, de alguma forma, ganharam na loteria da vida...?"

"Ganharam na loteria..." É isso o que Youri lhe evoca. Um ganhou a vida, o outro a fortuna, é evidente que essa comparação é inadmissível. No entanto, é exatamente a isso que tal paciente, seus milhões e sua depressão remetem o velho psiquiatra: essa sorte que, involuntariamente, roubou-se dos outros, a culpa que decorre disto, e com a qual ele próprio teve que se haver durante muito tempo. Durante toda sua vida, Robert Neuburger dedicou-se até o extremo aos seus próximos e a seus pacientes, e essa responsabilidade assumida em relação a todos fez, às vezes, com que perdesse o controle de si mesmo. Quando se sobrevive em detrimento de outro, se corre o risco de ir até suas últimas forças para pagar sua dívida. Foi preciso a visita desse homem que nunca mais iria rever para que o psicanalista compreendesse isso, enfim.

E quando ele cobre silenciosamente o rosto com as mãos, no despojamento do consultório parisiense que o viu tornar-se um terapeuta renomado, Robert Neuburger chora também, eu suponho, por certo fracasso. Ele, que trabalhou incessantemente com os traumas familiares, atendeu casais, pais, irmãos, no sentido de um apaziguamento, não pôde dissipar a sombra desse drama pessoal lançado sobre sua vida. Pois a falha original de seu nascimento perseguiu as gerações seguintes, e ela teve, como ele explica pudicamente no seu livro como se falasse de outro que não ele mesmo, efeitos trágicos sobre sua descendência. "Esses mortos que carrego em mim", ele murmurou em nosso primeiro encontro.

Youri a quem ele sem dúvida ajudou, Youri que foi embora, com seu dinheiro e sua culpa, talvez um pouco mais leve, Youri reavivou a ferida da dívida. E também o libertou dela.

Biobibliografias

NICOLE ANQUETIL

é psiquiatra em hospitais desde 1984, e atua como psiquiatra e psicanalista em consultório próprio, desde 2002. É membro da Association Lacanienne Internationale (Associação Lacaniana Internacional), do Collège de Psychiatrie (Colégio de Psiquiatria), e do AMCPSY – Association Médecine et Clinique Psycanalytique (Associação de Medicina e Clínica Psicanalítica). Além de vários artigos, ela publicou *Scènes de la vie psychiatrique* (Cenas da Vida Psiquiátrica; Érès, 2003), e *Les Voix* (As Vozes; com Aimée F.; Payot, 2014), que recebeu o prêmio Jury de L'Evolution Psychiatrique (Júri da Evolução Psiquiátrica), em 2015.

GÉRARD BONNET

é doutor em psicanálise e psicanalista na Association Psychanalytique de France (Associação Psicanalítica da França). Atuou durante toda sua carreira no setor psiquiátrico em Paris, e atualmente dirige a EPCI – École de Propédeutique à la Connaissance de L'Inconscient (Escola de Propedêutica do Conhecimento do Inconsciente), onde dá aula aberta ao público amplo. Publicou

...yse d'un meurtrier (Psicanálise de um Assassino; Payot, 2014), *...a Vengeance* (A Vingança; In Presse, 2015).

MURIEL FLIS-TRÈVES

é psiquiatra e psicanalista. Atua em consultório particular e tem vínculos com o Hospital Necker no serviço de genética do professor A. Munnich. Ensaísta, escreveu: *Elles veulent un enfant* (Elas Querem um Filho; Albin-Michel, 1998), *Le Deuil de maternité* (O Luto de Maternidade; Calmann-Lévy, 2001), *Bébé attitude* (Bebê Atitude; Plon, 2005). Ela codirige o curso universitário Le Psychique Face à la Naissance (O Psíquico Frente ao Nascimento), no hospital Necker-Université René Descartes-Paris e codirige, com o professor René Frydman, o Colóquio GYPSY. Colaborou com a redação de episódios para ficções televisivas: *Victoire ou la douleur des femmes* (Vitória ou a Dor das Mulheres; 2000), *Vital désir* (Vital Desejo; 2010), e realizou, com Dominique Besnehard, um documentário para a sexta temporada da série *Empreinte* (Marca): *Anouk Aimée, la beauté du geste* (Anouk Aimée, a Beleza do Gesto; 2012) para o France 5.

SYLVIANE GIAMPINO

é psicanalista e psicóloga em Paris, atendendo há vinte anos crianças e adultos. Atuou em psiquiatria, no ensino especializado, depois em prevenção e primeira infância, e com setores sociais mais desfavorecidos. Atualmente, está encarregada de comandar uma missão sobre os modos de acolhimento e formação de profissionais da primeira infância para o Ministério das Ações Sociais, da Saúde e dos Direitos das Mulheres. Publicou, entre outros, *Les Mères qui travaillent sont-elles coupables ?* (As Mães Que Trabalham São Culpadas?; Albin Michel, 2007).

EVA-MARIE GOLDER

é doutora em psicologia, psicanalista, ex-aluna de Françoise Dolto. Além de sua prática em consultório próprio em Paris, trabalha em um CMPP – Centro Médico Psicopedagógico, onde cuida de crianças desde a mais tenra idade. Especializada em questões da psicose infantil, é nessa qualidade que participa da

Escola Psicanalítica de Sainte-Anne fundada por Marcel C̶
mak. Sua última obra, *Au seuil de la clinique infantile* (No Limi̶
da Clínica Com Crianças; Érès, 2013), trata desse tema.

BERNARD GOLSE

é pediatra, pedopsiquiatra e psicanalista na Association Psychanalytique de France (Associação Psicanalítica da França). Dirige o serviço de pedopsiquiatria do hospital Necker-Enfants Malades, em Paris, e é professor de psiquiatria da infância e da adolescência na Universidade Paris-Descartes. Seus três campos de interesse principais são o desenvolvimento precoce do bebê, o autismo e a adoção, que colocam, cada um à sua maneira, a questão da instauração dos laços primitivos entre a criança e seu entorno. Publicou, entre outros, *Mon combat pour les enfants autistes* (Minha Luta Pelas Crianças Autistas; Odile Jacob, 2013) e *Le Développement psychique précoce: De la conception au langage* (O Desenvolvimento Psíquico Precoce: Da Concepção à Linguagem; Elsevier Masson, 2014), com Marie-Rose Moro e colaboração de Raphaël Riand.

ROLAND GORI

é psicanalista e atua em consultório particular, desde os anos 1980. É professor emérito de psicopatologia clínica na universidade de Aix-Marseille e membro do Espace Analytique (Espaço Analítico). Com Stefan Chedri, é presidente da Association Appel des Appels e membro fundador do Collectif Roosevelt. É autor, entre outras obras, de *L'Individu ingouvernable* (O Indivíduo Ingovernável; Le Liews Qui Liberent –LLL, 2015), *Faut-il renoncer à la liberté pour être heureux?* (É Preciso Renunciar à Liberdade para ser Feliz?; LLL, 2014), *La Dignité de penser* (A Dignidade de Pensar; LLL, 2011), *La Fabrique des imposteurs* (A Fábrica de Impostores, LLL, 2013), *La Folie évaluation: Les Nouvelles fabriques de la servitude* (A Louca Avaliação: As Novas Fábricas da Servidão; Mille et une nuits, 2011), obra coletiva organizada por Alain Abelhauser, Roland Gori e Marie-Jean Sauret.

...IPPE GRIMBERT

é autor de vários romances e ensaios, dos quais *Un Secret* (Um Segredo; Grasser, 2004) e, mais recentemente, *Rudik, l'autre Noureev* (Rudik, o Outro Nureiev; Plon, 2015). Além de sua atividade de escritor, trabalha em instituição para adolescentes que sofrem de graves distúrbios psíquicos e atua no âmbito privado como psicanalista.

SERGE HEFEZ

é psiquiatra em hospitais e psicanalista. É responsável pela unidade de terapia familiar no serviço de psiquiatria da infância e da adolescência no hospital de La Pitié Salpétrière, em Paris. Publicou, entre outros ensaios, *La Danse du couple* (A Dança do Casal; Hachette, 2002), *Dans le coeur des hommes* (No Coração dos Homens; Hachette, 2007) e *La Fabrique de la famille* (A Fábrica da Família; Kero, 2016). Além disso, é cronista na rede de rádios France Inter, e produtor do France Culture.

SIMONE KORFF-SAUSSE

é psicóloga-psicanalista, membro da Société Psychanalytique de Paris (Sociedade Psicanalítica de Paris), professora pesquisadora na unidade de formação e pesquisa Études Psychanalytiques (Estudos Psicanalíticos) na Universidade Denis Diderot (Paris VII). Seus campos de atuação são a abordagem psicanalítica de crianças com deficiência e sua família, o estudo dos processos psíquicos na deficiência mental, assim como os processos de criação nos artistas. Publicou, entre outros, *Le Miroir brisé: L'Enfant handicapé, sa famille e le psychanalyste* (O Espelho Trincado: A Criança Deficiente, Sua Família e o Psicanalista; Calmann-Lévy, 1996), *Plaidoyer pour l'enfant-roi* (Pleitear pela Criança-Majestade; Hachette Littératures, 2006), e *Éloge des pères* (Homenagem aos Pais; Hachette, 2009).

PATRICK LANDMAN

é psiquiatra, pedopsiquiatra e psicanalista, ex-presidente do Espace Analytique e presidente de Stop DSM – *Diagnostic and Statistical Manual of Mental Diseases*. É autor de *Tristesse business:*

Le Scandale du DSM 5 (Tristeza Como Negócio: O Escândalo do DSM 5; Max Milo, 2013) e de *Tous hyperactifs* (Todos Hiperativos; Albin Michel, 2015).

MICHAEL LARIVIÈRE

é psicanalista e atua em consultório particular em Estrasburgo. Exerceu cargo em análise institucional no Douglas Memorial Hospital, de Montreal, e depois como professor na clínica psiquiátrica dos Hospices Civils, de Estrasburgo. No início dos anos 1990, foi codiretor, com Conrad Stein, da revista *Études Freudiennes*. Conduziu seminários em Montreal, Nova York, Los Angeles, Estrasburgo, Turim, Milão e Pádua. Publicou *Imposture ou psychanalyse ? Masud Khan, Jacques Lacan et quelques autres* (Impostura ou Psicanálise? Masud Khan, Jacques Lacan e outros; Payot, 2010) e *Que font vos psychanalystes?* (O que Fazem Seus Psicanalistas?; Stock, 2010).

DANIÈLE LÉVY

é psicanalista na École Freudienne de Paris (Escola Freudiana de Paris) e em outros diversos grupos lacanianos. Membro do Cercle Freudien (Círculo Freudiano) desde 2000. Atua em consultório particular desde 1977, em Paris e em Troyes, atendendo adultos, jovens e crianças. Atuou também em diversas instituições médico-sociais. Presente na comissão de redação de várias revistas de psicanálise, conduz trabalhos sobre a profissão de psicanalista e seu lugar na sociedade de hoje, as repercussões psíquicas da doença e o fenômeno religioso.

ROBERT NEUBURGER

é psiquiatra, psicoterapeuta, e professor honorário de psicologia clínica na Universidade Livre de Bruxelas. Atua em consultório particular em Genebra, e dirige o CEFA – Centre d'Étude de la Famille (Centro de Estudos da Família), um centro de formação de terapia familiar e de casal. É autor de várias obras sobre o casal e a família, entre as quais *Les Territoires de l'intime: L'Individu, le couple, la famille* (Os Territórios do Íntimo: O Indivíduo, o Casal, a Família; Odile Jacob, 2000), *Les Familles qui ont la tête à l'envers: Revivre après un traumatisme familial* (As Famílias de

Cabeça Para Baixo: Reviver Após um Trauma Familiar; Odile Jacob, 2005), assim como um ensaio sobre a depressão, *Exister, le plus intime et fragile des sentiments* (Existir, o Mais Íntimo e Frágil dos Sentimentos; Payot, 2014).

JACQUELINE SCHAEFFER

é psicanalista da Société Psychanalytique de Paris (Sociedade Psicanalítica de Paris). Atua em consultório particular e em instituição para tratamentos pelo psicodrama. Foi diretora adjunta da coleção Monographies et Débats de Psychanalyse (Monografias e Debates de Psicanálise) da PUF, e redatora da *Revue Française de Psychanalyse*. Seus vários artigos tratam do enigma da diferença dos sexos e do feminino, e é autora de *Le Refus du féminin* (A Recusa do Feminino; PUF, 2000).

PIERRE STRELISKI

psiquiatra e psicanalista, é membro da École de Cause Freudienne (Escola da Causa Freudiana) e da Association Mondiale de Psychanalyse (Associação Mundial de Psicanálise). Atua há 35 anos em Angers. Colaborou em vários livros, entre os quais *L'Amour dans les psychoses* (O Amor nas Psicoses; Seuil, 2004), *L'Anti livre noir de la psychanalyse* (O Antilivro Negro da Psicanálise; Seuil, 2006), *À la fin, le réel? Poésie, fantasme, nombre* (No Final, o Real? Poesia, Fantasma, Número; seminário de pesquisa da ACF-VLB, 2014) e *Le Roman d'un psychanalyste* (O Romance de um Psicanalista; Navarin/Le Champ Freudien, 2016).

JEAN-PIERRE WINTER

é psicanalista e atua em consultório particular desde o início dos anos 1980. É presidente do Mouvement du Coût Freudien (Movimento do Custo Freudiano) e professor na Université Populaire du Judaïsme (Universidade Popular do Judaísmo). Publicou, entre outros, *Les Errants de la chair: Études sur l'hystérie masculine* (Os Errantes da Carne: Estudos Sobre a Histeria Masculina; Calmann-Lévy, 1998), *Choisir la psychanalyse* (Escolher a Psicanálise; Point Seuil, 2010), *Transmettre (ou pas)* (Transmitir [ou Não]; Albin-Michel, 2012).

Agradecimentos

A Michel Richard, pelo tempo que tão generosamente me dedicou, por seus encorajamentos e por sua amizade sem a qual este pequeno livro não existiria.

A Jean-Pierre Winter, por seu entusiasmo.

Aos psicanalistas, que aceitaram confiar em mim.

A Sylvie Delassus, que acreditou neste estranho projeto.

A Émilie Lanez e a Marie Bordet, por seu apoio tão amigável.

A meus filhos Élie, Anouck e Jacques, que me permitiram algum tempo para escrever este livro, e que quiseram, tão gentilmente, se interessar por ele.

E a Gabriel, por sua releitura atenta: a mais preciosa, evidentemente.

Este livro foi impresso na cidade de Guarulhos,
nas oficinas da Vox Gráfica,
para a Editora Perspectiva